臺灣歷史與文化 研究輯刊

二四編

第 8 冊

余光中臺灣詩研究（上）

鄭禎玉 著

花木蘭文化事業有限公司

國家圖書館出版品預行編目資料

余光中臺灣詩研究（上）／鄭禎玉 著 -- 初版 -- 新北市：花
木蘭文化事業有限公司，2023〔民 112〕
目 4+188 面；19×26 公分
（臺灣歷史與文化研究輯刊二四編；第 8 冊）
ISBN 978-626-344-365-5（精裝）
1.CST：余光中 2.CST：臺灣詩 3.CST：文學評論
733.08 112010201

ISBN-978-626-344-365-5

臺灣歷史與文化研究輯刊
二四編 第 八 冊 　 ISBN：978-626-344-365-5

余光中臺灣詩研究（上）

作 者	鄭禎玉
總 編 輯	杜潔祥
副總編輯	楊嘉樂
編輯主任	許郁翎
編 輯	張雅淋、潘玟靜 美術編輯 陳逸婷
出 版	花木蘭文化事業有限公司
發 行 人	高小娟
聯絡地址	235 新北市中和區中安街七二號十三樓
	電話：02-2923-1455／傳真：02-2923-1452
網 址	http://www.huamulan.tw 信箱 service@huamulans.com
印 刷	普羅文化出版廣告事業
初 版	2023 年 9 月
定 價	二四編 9 冊（精裝）新台幣 26,000 元

余光中臺灣詩研究（上）

鄭禎玉　著

作者簡介

鄭禎玉，1954 年生，臺灣省宜蘭縣人，國立高雄師範大學國文系畢業，任教羅東國中、羅東高工、羅東高級中學與蘭陽女子高級中學，其後入佛光大學取得文學碩、博士學位，任聖母醫護管理專科學校及國立空中大學兼任助理教授。

學術研究領域以中國古典文學與現代文學為主。發表論文有〈余光中與中國古典詩歌〉、〈余光中臺灣詩研究〉、〈兩漢的師法與家法〉、〈黃國彬《浪蕩的聲音》結構分析〉、〈李白：余光中筆下的狂詩人〉、〈屈原與蘇軾：不朽的江神〉、〈從余光中的「水仙操」到陳大為的「屈程式」〉、〈孤絕的心象：馬森碎鼠記解析〉、〈生與死的禮讚：余光中筆下的浪花與日出日落〉等等。

提　　要

本文所稱的「余光中臺灣詩」，是指余光中以臺灣（包括金門、馬祖、澎湖等外島地區）為書寫對象，取臺灣人、事、景、物為題材所寫成的詩。鋪敘順序乃先就余光中書寫的臺灣詩，加以分期，瞭解其詩藝成長的背景及演進的軌跡；復就詩之內容，依人、事、景、物等分類，以臺灣本土的角度分章論述。

本論文研究的余光中臺灣詩，範圍以余光中生前出版的二十本詩集為主，時間從 1949～2015 年。研究方法主要是用細讀法，精審地分析文本，再以余光中相關之論述為輔地比較文本；不僅從修辭、語法、意象、節奏、章法等，分析其詩藝、比較其臺灣詩在各時期的特色，又在其後各章節的臺灣詩中，詳加論證、剖析。

除了詩藝的分析外，本文希望能從詩的內容，挖掘其意蘊及箇中所蘊涵的情思；務期釐清詩人內心與臺灣本土，究竟關係是深是淺，以探討余光中「臺灣情」的真實意涵，從而瞭解余光中在臺灣文學史的地位與價值。

論文章節先論述余光中臺灣詩的三個時期；次敘余光中在臺北廈門街及高雄西子灣的生活，分析他對臺灣感情的變化；其後再論述余光中如何詠寫臺灣。在臺灣的「師友情」部分，分從詩壇友人、藝文友人、前賢與師長三節去論述。至於臺灣的「社會事」，則從臺灣解嚴前、後，關懷弱勢團體與保護環境生態等四節論說。余光中書寫臺灣事，大多以寫實或諷諭手法去說臺灣社會，對時政的批評，尤其犀利。吟詠臺灣山水「景」「物」，則分從「地理景觀」與「品物志」兩章論述；余光中不管是描繪天然美景如神話傳說，或是品評臺灣文物之妙思，莫不寄寓其永恆不朽之志。總之，余光中的臺灣詩情采兼備，其曲寫毫芥，觀照萬物，正如《文心雕龍・物色》所云：「寫氣圖貌，蔚似雕畫」，唯美之至。

青壯年時期的余光中臺灣詩，「筆下總是奇比妙喻如龍飛鳳翔」，晚年則漸趨簡淨恬淡，看似質樸清臞，實則飽腴豐足，顯見其藍墨水已臻「純青」之境；尤其是南臺灣的山水，在余光中的筆下，常以神話傳說類比之，除顯現詩人運用神話傳說之個人手法外，更凸顯福爾摩莎在其心中，真如神話傳說之迷人，其深愛臺灣之情不言可喻。

半世紀以來，余光中與臺灣互動密切，讀其臺灣詩彷彿聞見臺灣生命之脈動。本文探討余光中的臺灣詩，歸結其對臺灣有「家」的感情；而余光中在臺灣現代文學史上應佔有重要的地位。

目次

第一章　緒　論

　　本論文題目「余光中的臺灣詩」所稱的「臺灣詩」，是指余光中以臺灣（包括臺灣本島、澎湖群島、金門、馬祖）為書寫對象，取臺灣的人、事、景、物為題材所寫成的詩。不管余光中身在臺灣或旅居異地（如美國、香港、加拿大等等），只要其詩涉及臺灣的人以及吟詠臺灣之事、景、物等，均為本論文所稱之「臺灣詩」，概屬本文研究的對象。

　　本文不以「余光中的臺灣鄉土詩」名，蓋因此篇論文以余詩的臺灣情為主，焦點在余光中詩對臺灣的感情，包括余光中在臺灣，如何由飄泊無依感到回了「家」的安定感，以及余氏如何將這份情懷，施及於臺灣之人、事、景、物──含有許多余氏的主觀成分──余氏如何鋪陳、展列，其中有何獨特之處，這些都是本文視點關注之所在，與所謂「鄉土詩」多著重在「臺灣」鄉土人情、地理景物──尤重客觀、寫實──之描寫不同，故不以「鄉土詩」名之。

　　本文論及的臺灣人有如下四類：

1. 土生土長於臺灣，且目前仍在臺灣者，如楊牧、陳黎、林彧等等。
2. 非生長於臺灣，1949 年前後來臺，現仍住在臺灣或在臺灣過世者，如羅門、周夢蝶、朱西寧、席德進等等。
3. 非生長於臺灣，1949 年前後來臺，今已移民他國或在異域過世者，如夏菁、瘂弦、洛夫、吳望堯等等。
4. 長期在臺灣工作，已具知名度之海外華人，如胡金銓。

　　本論文余光中臺灣詩中的「臺灣事物」，「事」指發生在臺灣之種種社會事件或政治現象，包括傷殘弱勢團體等情事。「物」除指臺灣本土之山川風物、

自然生物外、臺製藝品、存放臺灣之文物，即或非生長於臺灣，只是短暫停留的過境候鳥亦屬之。上述之「事」與「物」，概屬本文所稱之「臺灣事物」。

第一節　研究動機與目的

一、研究動機

　　余光中寫詩七十餘年，被認為是五四運動以來的文學健將之一，陳芳明在〈峰頂——賀余光中老師 80 大壽〉一文中說：「如果說他是一部戰後的臺灣文學史，亦不為過。」〔註1〕余光中與臺灣文學發展，關係之密切，不言可喻。

　　早在 1979 年，黃維樑在《火浴的鳳凰‧導言》一文中，就形容余光中的詩是一個廣闊自足的宇宙，因為：

　　　　余光中敏於感應、富於想像、勇於嘗試、勤於執筆、融匯中外、通

　　　　變古今、抒情說理、詠物敘事、個人家國，多方發揮。〔註2〕

事無大小、物無巨細，余光中都能取以入詩，成為他吟詠的對象。他的詩不但題材廣闊、多元，且量多又能新、能變，技巧多彩多姿，他確實稱得上是「大詩人」。

　　1986 年，梁實秋稱余光中「右手寫詩，左手寫散文，成就之高一時無兩。」〔註3〕

　　1993 年，《二十世紀世界文學大全》（*Encyclopedia of World Literature in the 20th Century*, Continuum, New York, 1993）第五卷，納入一整頁的余氏評傳，執筆的鍾玲說：

　　　　余光中是中國文字大師。……量多質精，對中文的驅遣運用，得心

　　　　應手，爐火純青。〔註4〕

盛讚他是「本世紀中國的主要作家（major writer）」。〔註5〕

〔註 1〕此文刊載在 2008 年 5 月 22 日的《聯合報》。

〔註 2〕黃維樑編，《火浴的鳳凰—余光中作品評論集》。（臺北：純文學出版社，1979初版，1982 三版），頁 1。

〔註 3〕余光中編，〈古典頭腦，浪漫心腸〉《秋之頌》。（臺北：九歌出版社。1998），頁 366～367。原載於 1986.11.20《中國時報‧人間副刊》，為「文學二重奏」專欄「兩代散文家對話」之第一篇。

〔註 4〕黃維樑編，〈本世紀中國的主要作家〉《璀璨的五采筆》。（臺北：九歌出版社。1994），頁 480。

〔註 5〕黃維樑編，〈本世紀中國的主要作家〉《璀璨的五采筆》，頁 480。

2008 年，陳芳明在《余光中跨世紀散文》的前言說：

　　（余光中）詩風與文風的多變、多產、多樣，盱衡同輩晚輩，幾乎
　　少有匹敵者。……在臺灣文學史，甚至置諸中國新文學運動脈絡，
　　很少發現有任何作者能展現如此逶邐蔓延的格局。〔註6〕

如此深獲肯定的作家，與臺灣關係深厚：

（一）余光中詩與臺灣的因緣

八〇年代以前，余光中懷國、思鄉的情結極濃，夏志清說：

　　在多篇文章中，余光中都自命為現代的放逐者，同時又是盛唐時代
　　的五陵少年……不錯，余光中確是個被放逐者，他不祇在臺灣時深
　　深感受到這一點，到了美國更覺與祖國雙重隔膜。〔註7〕

那時的余光中不斷地寫懷國、思鄉之作，自比所過的日子是「蒲公英的歲月，
流浪的一代飛揚在風中，風自西來，愈吹離舊大陸愈遠。」〔註8〕「余光中」
幾乎與「鄉愁」劃下了等號，談余光中總不離思國與懷鄉，這時期他所稱的
「鄉」、「國」是海峽對岸的中國大陸。這個「中國結」在八〇年代以後稍獲紓
解：

　　自從八〇年代初期，兩岸嚴關重關漸次綻開以來，我心深處這中國
　　結不再是一個死結，卻仍不能算是活結。但畢竟是鬆了不少，所以
　　像〈鄉愁〉、〈盲丐〉、〈燈下〉、〈獨白〉、〈公無渡河〉一類的羈驚旅
　　恨，不再詠歎了。〔註9〕

　　而海峽的這一邊——臺灣，余光中與之所結的緣分，比中國大陸更長久、
更深厚。至 2017 年為止，他在臺灣的日子，扣除居港的十年與留美的五年，
長達五十二年。在〈從母親到外遇〉一文中，他這樣比喻：

　　「大陸是母親，臺灣是妻子，香港是情人，歐洲是外遇。」我對朋
　　友這麼說過。大陸是母親，不用多說。燒我成灰，我的漢魂唐魄仍
　　然縈繞著那一片后土。……臺灣是妻子，因為我在這島上從男友變
　　成丈夫再變成父親，從青澀的講師變成滄桑的老教授，從投稿的「新

〔註6〕陳芳明，〈左手掌紋，壯麗敞開——《余光中跨世紀散文》前言〉《余光中跨世
　　　紀散文》。（臺北：九歌出版社，2008），頁 23～24。
〔註7〕見夏志清，〈余光中：懷國與鄉愁的延續〉《人的文學》。（臺北：純文學出版社，
　　　1977），頁 157。
〔註8〕見《中華現代文學大系》散文卷二。（臺北：九歌出版社，1989），頁 1196。
〔註9〕余光中，《安石榴・後記》。（臺北：洪範書店，1999），頁 188。

秀」變成寫序的「前輩」，已經度過了大半個人生。……其間雖然也
去了美國五年，香港十年，但此生住得最久的城市仍是臺北，而次
久的正是高雄。〔註10〕我的《雙城記》不在巴黎、倫敦，而在臺北、
高雄。

余光中與臺灣關係之密切，由此可見。臺灣不時地出現在他的詩文中，成為他
長期書寫的對象。

余光中與臺灣之因緣可溯自 1950 年。1950 年 5 月，余光中與父母由香港
抵臺。同年 9 月，他插班進入臺灣大學，成為外文系三年級的學生。在臺灣發
表的第一篇詩，刊登在《臺灣新生報》副刊。從 1950 年至 1974 年，除了居美
的五年之外，余光中都住在臺北，研究余光中的學者稱此時期為余光中的「臺
北時期」。

這時期的余光中，起先住在臺北市同安街，不久就搬到廈門街 113 巷 8
號，一住就是二十餘年。「余光中與廈門街」成了學者研究的主題，如：黃芬
絹的〈余光中與廈門街〉、徐學的〈走不盡的廈門街——余光中與廈門的文學
因緣〉等等。〔註11〕余光中曾稱臺北廈門街的這條小巷，已成為他的根，〔註12〕
他對臺北有極深厚的感情：

初去香港，我以為日思夜夢，魄掛魂牽，莫不盡在大陸，日久之後，
才發現隔海的這座福島，島上的這座雨城，對我的日呼夜喚，並不
下於北望中的那十萬萬和五千年。這三十年來，愛我的人和我愛的
人，大半在這島上；我最關心，也願意全力以赴的中國新文學新藝
術，也在這裏長大。臺北，正是八十年代的長安。只要我一日踏在
這片沃土上，我的詩思就不會退潮。畢竟，我的大部分作品都在廈
門街的這條長巷裏寫成，無論來日我化蝶化鶴，這裏都是我心血的
所託所依。〔註13〕

〔註10〕余光中寫這篇文章時是如此，現在他住的最久的城市已變成高雄，其次才是臺北。
〔註11〕分見於《國文天地》218 期（2003 年 7 月），頁 11～16 及《文匯報・文藝》
　　　 D6（1995 年 5 月 21 日）。
〔註12〕余光中在〈剖出年輪三十三〉（《余光中詩選 1949～1981》）云：「迄今我出版
　　　 過十二本詩集，加上尚未結集的近作，總產量在五百三十首以上。……餘下來
　　　 的近四百首，除了有三首是大陸時代的少作之外，全是在廈門街這條深長的
　　　 小巷裏寫成。我的繆思是亞熱帶牽藤纏蔓的植物，這裏已成了我的根。」
〔註13〕余光中，〈剖出年輪三十三〉《余光中詩選 1949～1981》。（臺北：洪範書店，
　　　 1981），頁 5～6。

　　在臺北的日子，余光中從戀愛到結婚，從為人夫到為人父，從寫詩到成立詩社，〔註14〕從大學畢業生到成為教授。此外，母親的過世、獨子的夭折，也都在臺北的這段期間發生。〔註15〕他把這些人生經歷化為詩文，傳下許多名篇，如〈江湖上〉、〈車過枋寮〉、〈守夜人〉、〈西出陽關〉、〈白玉苦瓜〉等等。

　　1974 年，余光中轉任香港中文大學中文系教授，直至 1985 年才返臺。他在香港住了十年。〔註16〕其間的 1975 年 6 月 6 日，楊弦與胡德夫在臺北中山堂舉行「現代民謠創作演唱會」，將余光中的八首詩作譜成曲子，〔註17〕掀起熱烈的反應，此後民歌創作在臺灣流行樂壇蓬勃發展，盛況達十年之久，至今仍為人津津樂道。1977 年，他發表〈狼來了〉一文，犀利的筆鋒，使臺灣的鄉土文學論戰，更加沸沸揚揚，也讓他從此成為爭議性的人物。可見余光中雖在香港住了十年，可是他與臺灣文壇的因緣，卻從未間斷過。

　　1985 年，余光中應中山大學之聘，返臺擔任該校文學院院長兼外文研究所所長。他強調這次回臺的身份，是「歸人」，不是「過客」。〔註18〕他確認臺灣是他的「家園」，不是客居之地，而高雄成為他在臺灣的最後落腳地，直到 2017 年 12 月 14 日過世為止。

（二）余光中對臺灣的影響

　　除前文提及的民歌創作與鄉土文學論戰外，早在 1961 年，余光中就曾與邱楠（筆名「言曦」）等國語派作家，在《文星》展開文言與白話的論戰，力主白話文可以適度地加入文言。〔註19〕2005 年，他任「搶救國文教育聯盟」總發起人，大力批判教育部的語文政策，反對減少國文授課時數與降低文言文

〔註14〕 1954 年，余光中與覃子豪、鍾鼎文等人創辦「藍星」詩社，出版「藍星」週刊，強烈抨擊當時的現代派主張，在詩壇備受矚目。1954 年年底，余光中出版了第二本詩集「藍色的羽毛」。藍星詩社是余光中一生唯一發起組織的詩社。

〔註15〕 余光中在 1956 年 9 月結婚；1958 年 6 月 10 日，長女珊珊出世；1958 年 7 月 4 日，母親因肝癌過世；1963 年 12 月，獨子夭折。

〔註16〕 1980 年 8 月底余光中在中文大學教滿六年，休假一年，回臺，在臺灣師範大學英語系客座一年。

〔註17〕 這八首詩分別是：〈鄉愁四韻〉、〈民歌手〉、〈白霏霏〉、〈江湖上〉、〈小小天問〉、〈鄉愁〉、〈搖搖民謠〉、〈民歌〉。

〔註18〕 沙白，〈我是「歸人」，不是「過客」——記余光中與高雄文藝界人士的一次聚談〉《璀璨的五采筆》（黃維樑編）。（臺北：九歌出版社，1994），頁 532。

〔註19〕 見余光中，〈剪掉散文的辮子〉（《文星》第六十八期，1963 年 5 月）、〈鳳・鴉・鶉〉。（《文星》第七十八期，1963 年 7 月），此二文其後被收在余光中《逍遙遊》一書中。

教材的比例，並在《亞洲週刊》發表行動宣言〈在方言與外語之間〉，極力呼籲教育當局提昇學生的國語文能力。〔註20〕2008年，受臺北縣長周錫瑋之聘，擔任臺北縣（今「新北市」）「語文政策推動總顧問」，其對臺灣語文教育之推動，可謂不遺餘力。

余光中作品也多次被選入中學生的國文教材，如：〈鵝鑾鼻〉、〈車過枋寮〉、〈剪掉散文的辮子〉、〈聽聽那冷雨〉等。據《聯合報》從2001年至2008年2月的統計：臺灣中學的基本學力測驗（簡稱「基測」）、大學學力測驗以及大學指定科目考試，在將近三十次的語文考題中，註明出自余光中詩文者就有七次，其中散文被引用五次，《記憶像鐵軌一樣長》裏的文章，被引用了兩次。〔註21〕

余光中住在高雄，幾乎成為高雄文化的象徵：1986年，他擔任高雄「木棉花文藝季」的總策畫，發表主題詩〈讓春天從高雄出發〉。此詩後來由畫家楚戈以書法呈現，詩碑嵌鑲在高雄市立歷史博物館的後玄關。「讓春天從高雄出發」從此成為高雄人傳誦的句子。1988年1月24日，他發表〈送別〉一詩，悼念蔣經國，並帶領五萬高雄市民朗誦此詩。1986年3月11日，余光中〈控訴一枝煙囪〉一詩，刊載於《中國時報》，高雄市議員舉以質詢環保局官員，環保局官員蕭姓股長與鄭姓技士合寫〈看，微笑的天空〉一詩答辯：

> 此一插曲，既寫下民意代表和政府官員在議會殿堂上以詩過招、相互攻防的一頁趣史；同時也成為臺灣地方自治史上，以現代詩為問政依據的首例。〔註22〕

此外，大法官鄭玉波論簽名蓋章事，也援引余光中〈石器時代〉一詩以為證，〔註23〕足見余詩影響的層面，不僅僅在文學界與學術界而已。

2007年11月3日，花蓮舉行太平洋詩歌節，在松園別館「詩人談詩吟詩」的活動中，余光中與陳芳明同臺吟詩。陳芳明說余光中是他的古典，也是

〔註20〕 參見2005年5月5日《聯合報》、《2005臺灣文學年鑑》（臺南：國家臺灣文學館籌備處，2006），頁364及〈拜訪余光中「苦修之地」〉http://blog.chinatimes.com/xletter/archive/2006/01/06/33314.aspx（中時部落格）。

〔註21〕 2017年《蘋果日報》據國家教育院統計稱，「現行國家教科書中，國中三個，高中五個版本都有其作品，其中七課是詩，一課是散文。」而大考入題已逾十次。（《蘋果日報》2017年12月15日），A2。

〔註22〕 余光中著，陳幸蕙編選賞析，《余光中幽默詩選》。（臺北：天下遠見出版股份有限公司，2008），頁229。

〔註23〕 二事俱見余光中著，《夢與地理‧後記》。（臺北：洪範書局，1990），頁191。

他的現代，他與余光中的詩緣，彷彿初戀、失戀後，再度重逢。這說明即使不同政見的人，也能欣賞余光中的作品，余光中對臺灣的影響，可見一斑。

（三）臺灣藝文界對余光中的肯定

羅青評余光中的〈守夜人〉一詩時說：

> 余氏自民國四十一年印行他的處女詩集《舟子的悲歌》至今，已出版了十一冊詩集。以數量而言，可謂五四新詩運動以來最多產的詩人之一。與另一位多產詩人臧克家比起來，在量方面可能相去無幾；在質方面，余光中的詩顯得寬廣多變，精妙深微，無論在詩想的構成上或在字句的鍛鍊上，都使人有凝聚、新穎、清鮮之感；這是臧克家所不能企及的。〔註24〕

顏元叔在 1985 年，奉余光中為「中國現代詩壇的祭酒」，〔註25〕認為他已居詩壇之領導地位。碧竹（林雙不）稱讚他的散文，是「目前臺灣最好的散文，沒有人出其右」。〔註26〕高雄市中山大學附中的校園內設有「余光中詩園」，〔註27〕臺東大學文學院鐫刻一塊余光中手寫〈臺東〉的方形詩碑。長期以來，余光中一直是臺灣文學重要的代表性人物，他是臺灣詩壇健將、散文重鎮。兼又綜論古今與中西，擘析詩文義理，也是著名的批評家和優秀的翻譯家。

余光中在臺灣的獲獎紀錄，可謂洋洋大觀：

1962 年，獲中國文藝協會文藝新詩獎章。

1966 年，獲選為十大傑出青年。

1982 年，〈傳說〉獲金鼎獎歌詞獎。

1984 年，獲第七屆吳三連文學獎散文獎。

1985 年，「十年看山」等十首新詩，獲《中國時報》新詩推薦獎。

1989 年，余光中主編的《中華現代文學大系——臺灣：1970～1989》15卷出版，獲該年新聞局金鼎獎圖書類主編獎。

〔註24〕羅青，《從徐志摩到余光中》。（臺北：爾雅出版社，1978），頁 136～137。

〔註25〕1985 年 9 月，余光中獲《中國時報》新詩推薦獎，顏氏撰《詩壇祭酒余光中》一文，推舉余光中的詩作，不管是「質與量，都中國現代詩上的一項主要成果」。見黃維樑編，《璀璨的五彩筆——余光中作品評論集（1979～1993）》，（臺北：九歌出版社，1994），頁 42。

〔註26〕見黃維樑編，《火浴的鳳凰——余光中作品評論集》，（臺北：純文學出版社，1979），頁 367。

〔註27〕見黃維樑，〈溫柔敦厚詩教也——「余光中詩園」導賞〉《中華日報》2009 年11 月 12、13 日中華副刊。

1990 年，《夢與地理》獲中華民國第十五屆國家文藝獎新詩獎。

1997 年，獲中國詩歌藝術協會致贈「詩歌藝術貢獻獎」。文建會出版《智慧的薪傳—大師篇》，納入余氏評傳。

1998 年，獲頒文工會第一屆五四獎「文學交流獎」、中華民國「斐陶斐傑出成就獎」、行政院新聞局「國際傳播獎章」。

1999 年，獲吳魯芹散文獎。

2000 年，獲高雄市文藝獎。

2011 年，獲星雲文學貢獻獎

這麼多的獲獎紀錄，可謂「得獎等身」，余光中獲得臺灣的肯定，已是不言而喻。

（四）結語

「憂國愁鄉之作大半是儒家的擔當，也許已成我的基調」，[註28]1970 年代以前，余詩這種「憂國愁鄉之作」頗多。七〇年代以後——尤其是 1985 年回臺後——則大力以臺灣為題材，不管是壯闊鏗鏘的言志、寫景，還是細膩纏綿的抒情，余光中將他在臺灣生活的點點滴滴，灌注在詩文中。他以精湛的技巧書寫臺灣，論者常謂其對文字的錘鍊已獲相當的成功，則其臺灣詩之美自當值得研究。

至於其詩筆下的臺灣究竟是怎樣的臺灣，其臺灣詩與臺灣人、臺灣土地的關係為何，更是值得探討的課題。國家圖書館「當代文學史料影像系統」，對余光中的寫作風格，做了如下的評述：

> 作者以詩歌創作為主，復以散文及評論揚名。其詩作多發抒詩人的悲憫情懷，對土地的關愛，對環保的指涉，以及對一切現代人事物的透視解析與捕捉。作者自傳統出發走向現代，復又深入傳統。

然而余光中「對土地的關愛、對環保的指涉，以及對現代事物的透視解析與捕捉」，能否以「悲憫情懷」一詞概括之，頗有可議之處：其詠蓮霧、荔枝等水果之香甜，其對山水自然的禮贊以及其細吟愛情與友誼之作，又豈能說是「悲憫情懷」的展現？

又如：王灝〈品瓜錄——讀余光中先生詩集《白玉苦瓜》〉批評余光中說：

> 其實早在〈車過枋寮〉一詩中，作者早已經把他那支筆伸向臺灣的

〔註28〕見余光中，《隔水觀音·後記》。（臺北：洪範書店，1983 年初版，2000 年二版），頁 178。

鄉土。不過很遺憾的,〈車過枋寮〉也好,〈斷奶〉也好,余光中所見到的只是鳳梨、甘蔗、西瓜、香蕉等等浮面的景物,而未能深深透視到隱藏在土地底層的真實生命。也許我的看法太武斷,我想余光中對臺灣鄉土的瞭解不夠深入,甚或顯得十分匱乏。他用一種知識分子的身份及眼光,復又隔著一長段距離,所看到的只是浮面的表象,根本觸探不到鄉土的核心。〔註29〕

王氏此文發表於 1976 年,其對「鄉土詩」的看法,有其特定的時、空背景。作家腳下所踏的,應該都算是「鄉土」,非必鄉野農村之謂。再者,「鄉土」應含有許多層次與角度,不是同一層面與角度,是不是就「探不到鄉土的核心」、透視不出「土地底層的真實生命」,恐也有釐清的必要。

臺灣的「鄉土文學」幾經論辯舌戰,如今已排除左翼色彩,確定「鄉土」所指的空間為臺灣,將「民族」調整為「族群」,於是「鄉土文學」終於定調為「臺灣文學」。〔註30〕鄉土文學是傾向寫實的,余光中對臺灣這塊他生活了半世紀之久的「鄉土」之觀察與體認,純以寫實為之嗎?這些都是值得研究的問題。

兩岸三地研究余光中者雖多,然至今尚未有完整研究其臺灣詩者。蕭蕭與陳幸蕙是較多的兩位,但只是幾個篇章或幾篇論文論及而已,並未達全面整理研究的地步,更談不上能反映余光中臺灣詩的完整面貌。本論文的方向就在完整呈現余光中臺灣詩的整個面貌,將其臺灣詩做全面的分析整理,釐清余光中臺灣詩在臺灣文學中的面貌及特色何在?有何與眾不同處?其與臺灣文學發展之關係是深或是淺?其臺灣詩在臺灣文學中的價值與意義在哪裡?這些都是前人尚未論及而本論文亟欲探討的重點所在。

二、研究目的

這樣一位以詩人身分知名,以散文創作受矚目,又因文學評論而受爭議的作家——既獲臺灣肯定,又對臺灣深具影響力;卻因文壇爭議,鄉愁之思受

〔註29〕見黃維樑編,〈余光中伸向鄉土的民謠詩〉《火浴的鳳凰—余光中作品評論集》。(臺北:純文學出版社,1979 初版,1986 年 5 刷),頁 259。

〔註30〕葉石濤認為「臺灣鄉土文學應該是基於臺灣意識而寫出的作品」;李喬定義「臺灣文學」是「站在臺灣人的立場,寫臺灣經驗的文學。」葉、李二說,俱見蕭阿勤,〈1980 年代以來臺灣文化民族主義的發展:以「臺灣(民族)文學」為主的分析〉,《台灣社會學研究》,第 3 期(1999 年 7 月),頁 20。網址:http://www.ios.sinica.edu.tw/fellow/achinhsiau/。

對岸推崇，以致其愛臺之心備受懷疑，常有臺灣在其心中不如中國之質疑。研究余光中者對此質疑自不能粗忽漠視，本文擬從余光中的臺灣詩去釐清這一點。

這對研究余光中來說是深具意義的。歷來研究余光中的學者，偏重其詩藝技巧及其憂國懷鄉之思的探討。如今論者常謂臺灣彷彿是余光中創作的動力、長期書寫的對象。但唯有肯定其愛臺之深刻，則臺灣一再被詩人吟詠、描摹，甚至以妻子為喻始具意義。偉大的詩人絕不會「真宰弗存」、「為文造情」地「泛詠皋壤」，更不會「心非鬱陶，苟馳夸飾，鬻聲釣世」的。〔註31〕

那麼余光中筆下的臺灣詩，就是一個既嚴肅又饒富趣味的研究課題。他長居臺灣，詩人如何去詮釋這塊土地？如何反映他眼見耳聞的臺灣現實？他的臺灣詩究竟如何與臺灣社會相呼應？在藝術與現實之間，他拿捏得是否恰到好處？余光中筆下這樣的臺灣凸顯出什麼意涵？〔註32〕這些都是余光中是否愛臺灣的證據，由此才能確定余光中臺灣詩在臺灣文學的意義與價值。

本論文總括 2015 年以前，余光中以臺灣為題材的詩作，輔以余光中的其他論述為佐證。除精細分析這些臺灣詩的技巧外——這是研究任何文本的基礎——期盼能在文字的表象外，探掘詩中所蘊含的臺灣之思及臺灣意涵。

總之，本論文的研究目的有四：
（1）描繪余光中臺灣詩中的臺灣樣貌。
（2）探討余光中臺灣詩中的情思與臺灣意涵。
（3）分析余光中臺灣詩的技巧。
（4）論述余光中臺灣詩特色。

第二節　文獻探討

《文心雕龍·知音》云：「圓照之象，務先博觀。」有關余光中與臺灣的論述，多見於評論余光中詩文的某些章節，迄今少見專文或專書。此處舉其中論述篇幅較多、較為完整與具代表性者為例，其餘則存列於後面之參考書目中：

〔註31〕上所引文俱出自《文心雕龍·情采》。
〔註32〕這裡所謂的「意涵」，是指作品的精神——面對問題時所尋求有意義的解決辦法，它是作者創作時的想像世界。參見何金蘭，《文學社會學》。（臺北：桂冠圖書股份有限公司，1989），頁 158。

一、書籍

黃維樑編著,《火浴的鳳凰——余光中作品評論集》(臺北:純文學出版社,1979)及《璀璨的五采筆——余光中作品評論集(1979～1993)》(臺北:九歌出版社,1994)。《火浴的鳳凰》,被譽為是「研究臺灣文學者的必備書」;〔註33〕《璀璨的五采筆》是《火浴的鳳凰》續篇。《璀璨的五采筆》分詩論、散文論、文學批評論翻譯論及其他、生活特寫等四輯,大抵承續《火浴的鳳凰》之體例,唯增生活特寫一輯。二書皆附有余光中年表、余氏著作編譯目錄、評論介紹訪問余氏之文章目錄及該書作者簡介。黃維樑為余學專家,經其篩選入書之作,多有可觀者,歷來研究余學者,鮮有不備此二書的。

《臺灣詩人選集》,(臺南市:國立臺灣文學館,2008)。這套詩集編選臺灣六十六家現代詩人之臺灣詩,以「呈現臺灣詩,自二次世界大戰後至二十一世紀初,多元而豐富的風貌。」〔註34〕選集依詩人出生年序列,《余光中集——臺灣詩人選集⑭》為其中第十四本,由丁旭輝主編,選出余詩「書寫臺灣」者三十九首。書後附有「解說」一項,簡論余光中書寫臺灣的詩作,分從臺北生活、高雄歲月、山水風物及社會關懷四大項予以介紹,既能掌握余光中臺灣詩的精義,論述亦頗為精當。

葉振輝主訪、陳慕貞記錄,《口述歷史:讓春天從高雄出發——余光中教授專訪》(高雄市:高雄市文獻委員會,2001)。此書是 2001 年 5 月 18 日、6 月 21 日、7 月 17 日、12 月 4 日四次訪問余光中的記錄,書末附有余光中與高雄相關的詩十首,相當具有代表性。許多余光中少為人知的資料,都在這四次的訪談中出現,使讀者對余光中的詩文,有更清楚的認識,對余光中有關高雄詩文背景的了解,尤有助益。

陳幸蕙,《悅讀余光中——詩卷》(爾雅叢書之 381)(臺北:爾雅出版社,2002)。此書分為四卷:

> 卷一和卷三,主要是風格小品和主題詩群的集中悅讀;卷二則著意凸顯余光中詩的關懷性和幾個主要關懷面向——本土關懷、現實關懷、自然關懷和生命關懷等。……卷四「悅讀手記」,特別地毯式地

〔註33〕 黃維樑編,《璀璨的五采筆——余光中作品評論集(1979～1993)》。(臺北:九歌出版社,1994),頁 614。

〔註34〕 丁旭輝編,《余光中集——臺灣詩人選集⑭》(臺南市:國立臺灣文學館,2008),頁 006。其所謂「臺灣詩」是指其詩傳達與臺灣、臺灣人和臺灣土地的關係,以及在這樣的時空背景下所產生的詩,及其美學形式如何呈現。

> 將余光中目前十八本詩集中，重要、特殊、值得悅讀但在前三卷卻
> 未曾提到的作品，彷如多寶格陳列般，儘量做一個總整理和展示，
> 並以類如詩話的札記方式，希望於極簡敘述中提出有價值的欣賞之
> 道。〔註35〕

此書賞析余光中的詩，有導讀、有評傳，也有詮釋、溯源與比較的成分。其卷
二賞析〈西螺大橋〉、〈鵝鑾鼻〉、〈問風〉……等等多首與臺灣有關的詩。許多
「余光中與臺灣」的論文，其中相關的分類與觀點，就是取自此書，頗有參考
價值。2008 年，陳氏又出版《悅讀余光中——散文卷》（爾雅叢書之 491），評
述余光中四十五篇散文（約為余氏散文產量的四分之一）。全書五卷，其卷五通
論余光中十一本散文集，余光中稱其「言簡意賅，實為一串迷你書評。」〔註36〕
其中對幾篇有關臺灣題材文章的議論，可為本文之參考。2010 年，陳幸蕙又出
《悅讀余光中——遊記文學》（爾雅叢書之 541），分七卷論述余光中記遊之文，
其中卷三〈山河之盟〉的「戀戀美麗島」，分析余光中寫玉山、阿里山、墾丁
國家公園、屏東霧台鄉的七篇遊記散文，可為余光中此類題材詩之參考。

錢學武，《自足的宇宙——余光中詩題材研究》（香港：香江出版社，
1998）。將余光中 1948 年至 1995 年的詩作（計 815 首），從題材上，分人、
物、景、事、地等五大類。分類細膩，各類圖表又分從不同的角度，再細分為
項、目，分門別類地歸納，各類目的詩數，也都做精細的統計。對不易分類的
詩，則以「互見」一欄做參照。錢氏分別就這五類，依余光中創作的七個時期、
題材多變的原因及題材處理的手法，加以論述。此書態度謹慎，用心精密，是
它最大的優點，對研究余光中某一類特定題材的學者，提供了極大的助益。本
文的章節安排，便是參考其分類而來。

二、學位論文

曾香綾，《余光中詩研究》（台灣師範大學國文學系在職進修碩士班，碩士
論文，2004）。此論文的第八章〈本土抒寫〉，分從本土關懷、現實關懷、自然
關懷等三方面，論述余光中詩文中有關臺灣的抒寫，作者從政治、文化、社會、
山水風物、本土意識等許多方面探討余詩中的臺灣，肯定余光中對臺灣懷有文
學使命感與悲憫的生命情懷。內容頗多，依題材分類，有繁細龐雜之嫌，全章

〔註35〕陳幸蕙，〈陳幸蕙答客問（代序）〉《悅讀余光中——詩卷》（爾雅叢書之 381）。
　　　　（臺北：爾雅出版社，2002），頁 8～9。
〔註36〕陳幸蕙，《悅讀余光中——散文卷》。（臺北：爾雅出版社，2008），頁⑦。

以「關懷」統攝余光中對臺灣的態度，說服力不夠。

陳葆玲，《余光中高雄時期現代詩創作之研究》（高雄師範大學國文研究所，碩士論文，2003）。這篇論文研究余光中高雄時期的詩作，除了在第二章泛論余光中的詩作技巧外，其餘則分從鄉土關懷、詩情畫意、親情歌吟、詩人與海、生活特寫等五個主題去論述。論述方法是列舉余詩相關詩作，輔以與詩相關的典故為陪襯，而余詩意象所涵的情懷，則付之闕如。如此則無以見余光中詩所含的精神，更無以論其對臺灣之感情，而這正是筆者本論文所擬尋析者。

謝嘉琪，《余光中詩中的文化認同研究》（國立中正大學中國文學系，碩士論文，2002）。此論文第四章〈中國結與台灣情──余光中詩中身分認同的轉移〉的第二節〈余光中與臺灣〉，分析余光中自 1950 年來臺後，其身分認同的心路歷程。文中引述簡政珍與劉紀蕙的研究，認為余光中早期有自我放逐的意識與推離中國這文化母體的意涵。余光中從香港回臺後，詩風起了很大的變化──社會詩漸多，似乎對現實主義更為接近。作者謂余氏吟詠多種水果，認為余光中摘掉不朽之白玉苦瓜後，以臺灣纍纍的果實取而代之，顯示他對臺灣土地與文化的眷戀，說他把這親切的果實飽嚐入口，並內化為自我的一部份，於是余光中由流亡的浪子、想家的臺北人，最終歸命為南部人。此篇論文論述余光中與臺灣的關係，只在這一節，佔論文 14 頁的篇幅，對余光中與臺灣的研究不夠周全。

陳秀貞，《余光中詩的語言風格研究》（國立中正大學中國文學研究所，碩士論文，1992）。此論文運用語言學的研究方法，分析、歸納余光中運用音韻、詞彙、語法等語言風格要素的規律，描述其語言風格。全文六章，重心在第三章的「余光中詩的音韻風格」、第四章的「余光中詩的詞彙風格」及第五章的「余光中詩的語法風格」。此篇論文運用語言風格學的方法，相當客觀地分析余光中作品所呈現的語言現象以及余光中所偏好的語言規律，頗有參考價值。

三、單篇論文

黃維樑〈鄉土詩人余光中〉（刊於臺灣《當代詩學年刊》2006 年第二期）。論述余光中 1980 年代以來的鄉土詩，分環保詩、山水詩與詠水果詩三類論述。黃維樑稱余光中的鄉土詩為「學者鄉土詩」，認為余氏的鄉土詩雖比他其他的詩「平白」許多，卻仍較其他鄉土詩人「奇美有味得多」──「並不華麗，在

相對的樸素中有其文雅、文化」。〔註37〕這種風格與來自農村、躬自經營農事的作家吳晟、李昌憲等人的鄉土詩，自然不同。余光中不像臺灣許多的鄉土文學，專寫村野的「窮」，而是敷寫鄉土的「達」——臺灣「山水風物的壯麗、甘美、可愛」，因此多頌贊、憐愛之情。此文結語對「鄉土詩」應有的特色、風格，做了一番探討，頗有價值。

許萍〈論余光中鄉土詩的審美特徵〉（《南平師專學報》，2006年1月，第25卷1期，頁66～68）。此篇將鄉土詩界定為包括鄉愁詩和回歸詩，在這樣的定義下，他認為余光中的鄉土詩題材廣闊，抒情主體多為尋根、認祖、懷舊和留戀童心、眷顧童年，回望原始，渴盼鄉野，嚮往故土鄉親、故國山川風物等。而且「還鄉」、「尋夢」的遊子和浪跡天涯的「零餘者」的形象，就成為臺灣鄉土詩的兩個母題。並認為余光中明確意識到，鄉愁不是純粹的距離感，而是一種滄桑。他認為余光中的鄉土詩有一個從古典浪漫階段進入現實時期的過程，余光中鄉土詩的基點是感覺的意象化，這個頗具悲劇意蘊的命題，使得他的鄉土詩別具審美價值，而且余光中的鄉土詩很少直接從臺灣本土著筆起興，更多的是刻骨銘心的故國之戀。這種論述顯然與一般對「鄉土詩」的看法不符，而且把鄉土詩與鄉愁詩混為一談，是最可議之處，「鄉土文學」、「鄉土詩」等名詞，有進一步釐清、形成共識的必要，本文擬於此做一番廓清。

陳淑彬〈「妻」的解讀——余光中的臺灣書寫〉（《藍星詩學》⑳，2003年耶誕號，頁172～192）。此文解讀余光中詩歌的「臺灣意識」與「中國身份」，論述「臺灣情」與「中國結」這兩種情結所產生的認同危機，在詩中如何地被表述。此文以身份認同的角度研究余光中，視點頗為新穎，極有參考價值。唯文中引用的理論是社會學或文化學理論，引述理論處，常只引兩、三句，不能使讀者清楚地瞭解其所論之理的內容與真正的意含，有語焉而未詳之失。而且慣用許多文學社會學或文化學名詞，名詞的意涵又未能說明清楚，使文句益形模糊難懂。

蕭蕭〈余光中結臺灣結——《夢與地理》的深情〉（收錄于黃維樑編，《璀璨的五采筆》。臺北：九歌出版社，1994，頁 182～185）。此文認為余光中在《夢與地理》一集中，以「臍帶」與「心臟」喻中國與臺灣，是這本詩集之主要精神所在，具有特殊的意義。蕭蕭認為《夢與地理》有二十多首寫臺灣與自

〔註37〕劉中樹、張福貴、白楊主編，（第十四屆世界華文文國際學術研討會論文選）《世界華文文學的新世紀》。（長春：吉林大學出版社，2006），頁344。

已的情緣，為臺灣詩人之首，足見其中國之「夢」已遠，而臺灣之「地理」正在余光中心中壯大成形，那是一種「自覺的人性的介入與不自覺的野性的回應」，余光中正在結一個緊而率真的「臺灣結」，對余光中與臺灣情懷的研究，頗有參考的價值。

第三節　研究觀點與研究方法

一、研究觀點

　　有生活而後有藝術。生活是藝術之本，但生活不是藝術，藝術是生活的加工創造。〔註38〕藝術脫離不了生活，生活則更待藝術美化。自古中國文學批評，對文學與自然、文學與生活、文學與社會的關係一直都很重視，認為三者與文學的關係密切。如陸機〈文賦〉描寫四時變易，情思為之牽動云：

> 遵四時以歎逝，瞻萬物而思紛。悲落葉於勁秋，喜柔條於芳春。心懍懍以懷霜，志眇眇而臨雲。

喜芳春，悲落秋；望雲山而興遠志，履冰霜而生敬懍之情，這種感時、歎逝之思常是文心之根苗。又如《文心雕龍·物色》云：

> 物色之動，心亦搖焉。……歲有其物，物有其容；情以物遷，辭以情發。一葉且或迎意，蟲聲有足引心。況清風與明月同夜，白日與春林共朝哉！

山川風物，因四時節令而遷替、改易，詩人情隨物遷，「辭以情發」。一葉之飄落或感動文心，唧唧之蟲鳴亦足以引發作者之文思。大自然對詩人，確實有不可忽視的感染力。

　　鍾嶸則認為個人的出身、境遇或其特殊的生活環境，更容易塑造作家的個性與作品風格，影響其文學成就。其評李陵詩云：

> 其源出於楚辭。文多悽愴，怨者之流。陵，名家子，有殊才，生命不諧，聲頹身喪。使陵不遭辛苦，其文何能至此！〔註39〕

李陵詩情悽愴悲怨，乃因「生命不諧」，而至「聲頹身喪」的地步。鍾嶸認為與楚辭同一格調。可見鍾嶸是從作者的出身、教育、境遇與社會等諸多「環境」因素，去評斷文學作品的價值與地位的，其對文學「環境」之重視，可見一斑。

〔註38〕賴力行，《中國古代文論史》。（長沙：岳麓書社，2002），頁221。
〔註39〕鍾嶸，《詩品》。（臺北：金楓出版股份有限公司，1986），頁58。

《毛詩・大序》則又從另一個角度——文學與生活，包括政治、社會等等——去談論文學：

> 治世之音安以樂，其政和；亂世之音怨以怒，其政乖；亡國之音哀以思，其民困。

文學反映人民的生活，也反映社會、政治的良窳。循此路徑，劉勰認為作者的才性與學識（劉勰稱之為「才略」），固然是作品良窳的關鍵，但「時運交移，質文代變」，「文變染乎世情，興廢繫乎時序」，〔註40〕時代風尚與政治、社會環境，更是決定作品優劣的重要因素，因為：

> 歌謠文理，與世推移，風動於上而波震於下者也。（《文心雕龍・時序》）

就像風從水面吹過，其下的水盪起層層的漣漪一樣，如果時代是尊崇儒術，當代文章必定字斟句酌地推求是否合乎經書之意。若是在縱橫之術飆發的時代，則為文必特意講求瑰詭、「暐燁之奇意」。至於在世衰道微的亂離之世，則寓意深長、慷慨「多氣」的諷世之作就容易出現了。這些都是文學受時代與社會的浸染，所產生的變化。〔註41〕

不只中國如此，法國文論家泰納（H.A.Taine, 1828～1893）也認為種族、環境、時代是文化藝術發展的三個要素。其中的環境指自然環境與社會環境，時代則統攝時代風氣、社會制度與政治文化等等，與上述古代文論所談的環境，範圍是一致的。〔註42〕

韋勒克（R.Wellek）與沃倫（A.Warren）在《文學理論》(*Theory of Literature*)的第九章〈文學與社會〉中，也承認文學是社會的產物。作家本身就是社會的一員，文學所使用的媒介——語言——文學的格律以及象徵等技巧，也都是社會相沿成習的。文學模仿人生，人生就是社會現實——不管是自然界或是個人內心的主觀世界，都是文學模仿的對象。〔註43〕

總之，作者的才識與文思，並不是左右文學創作的唯一因素，創作的文思活動，絕對受外界環境的影響——包括家庭環境、自然環境、學術環境、社會

〔註40〕此二句均出自《文心雕龍》〈時序〉篇。

〔註41〕以上引文並出自《文心雕龍》〈時序〉篇。

〔註42〕胡經之主編，《西方文藝理論名著教程》。（北京：北京大學出版社，2003），上卷，頁507～511。

〔註43〕R.Wellek & A.Warren, *Theory of Literature*（third edition）（Harcourt, Brace & World, Inc. New York, 1956），p.94。譯文參見劉象愚、邢培明、陳聖生、李哲明等譯，《文學理論》（南京：江蘇教育出版社，2005），頁100。

風俗與政治活動等等。

　　藝術不是僵死的東西，所有偉大的藝術，無需歷史、傳記替它佐證，它就是那時代現實的反應。詩更是如此，因此才有詩比歷史更真實的說法。〔註44〕余光中在臺灣這個地方、這樣的環境，所寫出的臺灣詩，究竟有多少靈心妙意，這是本論文所欲探討的主題——余光中如何書寫臺灣？如何詮釋臺灣的政治、社會現象與山川風物？以期深入解析他對臺灣的看法。進一步釐清他對臺灣社會現象的觀察，是否只是知識分子「一長段距離」的浮面淺觀？這對余光中或臺灣都具有重大的意義，因為瞭解他對臺灣有怎樣的理解與觀察，纔能確定他對臺灣這位妻子的情懷與意涵。

二、研究方法

　　本論文以文本分析為主要的研究方法，其次則輔以比較研究。這是因為余光中的臺灣詩，時間長達半世紀以上，其間詩的形式、技巧、風格等迭有變易——尤其是早期的臺北時期——其中差異有細細釐清之必要。

（一）文本研究

　　精細的文本分析是本論文主要的研究方法，唯有將余光中的每一首臺灣詩逐一分析，才能從中找出其抒寫臺灣人、事、景、地、物等各類臺灣詩的藝術特色，從而發掘此類詩中的情思與特質，並選出最具代表性的詩詳加論述。

　　這當中必涉及余光中臺灣詩之分類以及歸類是否適當的問題。本文對人、事、景、物，大抵依主題及篇幅內容所佔比例之多寡歸類。然而詩之主題或內容所指涉之事物常不只一端，其或雖篇幅所佔者少，但足以引為特色，有必要舉以為例者，也納入該類，並以互見在另一類的方式標註，庶免有分類之爭議。

（二）比較研究

　　這是本論文的輔助方法。余光中的臺灣詩時間長達半世紀之久，其各類別、各時期之臺灣詩作，在情感、思想、藝術風格等方面，都有更易。他曾自言其詩體有數變：

> 我的詩體早期由格律出發，分段工整。到《蓮的聯想》又變成每段
> 的分行長短相濟。《敲打樂》在分段分行上自由開闊，又是一變。後

〔註44〕參見 Aristotelés 著，陳中梅譯注，《詩學》。（臺北：臺灣商務印書館，2001），頁 081。

　　來把中國的古風與西方的無韻體（blank verse）融為一體，從頭到尾
　　連綿不斷，一氣呵成，這對詩人的布局與魄力是一大考驗。……久
　　之，此體竟成了虎背，令騎者欲下不得。幸好在《藕神》裡我總算
　　下了虎背，分段詩多達近三十首。〔註45〕

此處余光中把自己寫詩的階段，用詩體形式的改變，分為五個時期。詩體形式
是有形可見的，所以明確易曉。但情思隱藏在形式之後，且其轉變是與時加濃
或逐次減淡，並無鮮明的形跡可辨。本文探討余光中的臺灣詩，比較其情思與
技巧的轉變之跡，在第四章〈余光中臺灣詩中的師友情〉，也舉臺灣其他現代
詩人做對照，既能關照同時代詩人，又能凸顯余氏風格：

　　我們在估價某一事物或某一種興趣的等級時，要參照某種規範
　　（norm），要運用一套標準，要把被估價的事物或興趣與其他的事物
　　或興趣加以比較。〔註46〕

以同一題材為準的，參照其他詩人的詩作，進行比較分析，更確切地呈現余光
中臺灣詩的風格特色。透過比較使余光中臺灣詩各期的特質更形鮮明，正是本
文的目的。

第四節　研究範圍

　　本論文的研究對象是余光中的臺灣詩，研究範圍以余光中在臺灣出版的
二十本詩集為主，這二十本詩集為：
（1）《舟子的悲歌》（收 1948～1952 年作品，臺北：野風出版社，1952 版）
（2）《藍色的羽毛》（收 1952～1953 年作品，臺北：藍星詩社，1954 版）
（3）《天國的夜市》（收 1953～1956 年作品，臺北：三民書局，1969 版）
（4）《鐘乳石》（收 1957～1958 年作品，臺北：中外畫報社，1960 版）
（5）《萬聖節》（收 1958～1959 年作品，臺北：藍星詩社，1960 版）
（6）《天狼星》（收 1960 春～1963.4 年作品，1976.4 修正，臺北：洪範書店，
　　　1976 版）

〔註45〕余光中，〈詩藝老更醇〉《藕神》。（臺北：九歌出版社，2008），頁 15～16。
〔註46〕R.Wellek & A.Warren, *Theory of Literary*（third edition）（Harcourt, Brace & World,
　　　Inc. New York, 1956），p.238。譯文參見劉象愚、邢培明、陳聖生、李哲明等
　　　譯，《文學理論》。（南京：江蘇出版，2005），頁 283；梁伯傑譯，《文學理論》。
　　　（臺北：水牛出版社，1999），頁 384。

（7）《蓮的聯想》（收 1961.8～1963.3 年作品，臺北：文星書店，1964；臺北：大林出版社，1969 版）

（8）《五陵少年》（收 1960.1～1964.5 年作品，臺北：文星書店，1967；臺北：傳記文學出版社（《愛眉文庫》），1970；臺北：大地出版社，1981 版）

（9）《敲打樂》（收 1965.4～1966.6 年作品，臺北：藍星詩社，1969；臺北：九歌出版社，1986）

（10）《在冷戰的年代》（收 1966.9～1969.5 年作品，臺北：藍星詩社，1969 版）

（11）《白玉苦瓜》（收 1970.1～1974.7 年作品，臺北：大地出版社，1974 版）

（12）《與永恆拔河》（收 1974.10～1979.1 年作品，臺北：洪範書店，1979 版）

（13）《隔水觀音》（收 1979.5～1981.6 年作品，臺北：洪範書店，1983 初版，2008 二版）

（14）《紫荊賦》（收 1982.1～1985.8 年作品，臺北：洪範書店，1986 版）

（15）《夢與地理》（收 1985.10～1988.5 年作品，臺北：洪範書店，1990 版）

（16）《安石榴》（收 1986.4～1990.10 作品，第三輯補入 1967.9、1970 年初、1982.4、1984.4 四首作品，臺北：洪範書店，1996 版）

（17）《五行無阻》（收 1991.6～1994.10 年作品，臺北：九歌出版社，1998 版）

（18）《高樓對海》（收 1995.3～1998.11 年作品，臺北：九歌出版社，2000 版）

（19）《藕神》（收 1999.2～2008.6 年作品，臺北：九歌出版社，2008 版）

（20）《太陽點名》（收 2009.2～2015.2 年作品，臺北：九歌出版社，2008 版）

　　上列二十本詩集是本文據以研究余光中詩歌的原典。其或有疑慮處，則以余光中親自精選的兩本選集：《余光中詩選 1949～1981》（臺北：洪範書店，1981）、《余光中詩選，第 2 卷，1982～1998》（臺北：洪範書店，1998）及近年大陸出版的《余光中集》九卷（天津：百花文藝出版社，2004）做為參考，以資查證。

第五節　內容概述與章節安排

一、概述

　　本文以余光中的臺灣詩為範圍，解析余光中以臺灣為題材的詩作，探討余光中詩裡的臺灣風貌，以及詩人吟詠背後所潛藏的情思——如其對臺灣的情懷與看法，進一步分析余光中詩中的臺灣意涵及其價值與意義。

因此，本文章節之安排自是以臺灣為主體，依余詩中所詠寫的臺灣題材，分門別類地區分章節加以論述。然而區分題材內容之法，放眼古今，極為紛雜：如古今地方志之分類，紛繁龐雜，無法適用於余光中之臺灣詩。又叢書之類，如《四庫全書》四部法，唯〈史部〉十五類之「傳記類」、「時令類」、「地理類」及〈子部〉十三類之「農家類」、「天文算法類」、「藝術類」、「譜錄類」等「屬」類符本文內容。〔註47〕至於《藝文類聚》、《古今圖書集成》等類書，如《御製佩文齋詠物詩選》，依天、地、山水、建築、軍事、兵器、經濟、書、畫、音樂、日用器物、農、樵、漁、牧、織、宗教、食物、樹、花果、草、獸、禽、魚、蟲等分類，析縷分條，可謂細矣密矣。〔註48〕若依當今圖書館藏之分類，如賴永祥《中文圖書分類法》（2007 年版）、美國國會圖書分類法、《大英百科全書》（ *Encyclopedia Britannica* ）附錄〈知識大綱〉（Outline of Knowledge）之十大人類知識等，也只有部分之分類適用。

這是因為余光中所詠寫的臺灣詩，題材雖廣闊、多元——人情從身受親炙的師長到素未謀面的老兵；世理從仰觀哈雷慧星，到與窗外小青蟲面面相覷——有天文，有地理，有四時節候、山川文物、鳥獸草木……，舉凡生活、生命所攸關、人群社會之所賴，莫不入其詩中。余光中之臺灣詩實乃其生活之感遇與觸發、生命之感慨與體悟，故而大抵仍不離抒情之基調，其題材雖廣博，然各屬類的分布並不平均：有些屬類多則十一首，如詠臺灣水果；少則僅有一首，如詠臺灣蔬菜，僅〈南瓜記〉一首而已。此外，又得兼顧其中情、理歸納之適用性，所以極難以任何一種已行之分類法套用，只能參考各分類法之項目，參酌而成以下之章節分配。

二、章節安排

本文第一章緒論，分節說明本論文之動機、目的、文獻探討、觀點、方法與研究範圍，並概述內容與章節的安排。

第二章則將余光中的臺灣詩分為三期，論述余光中臺灣詩這三個時期的特色，這分法與學者對整個余詩的分期大約是一致的。重點在論述余詩受當時臺灣或其他內外環境等因素影響，其詩風隨之而產生的變化。這是認識余光中臺灣詩的先決條件。不知余光中的詩風曾經歷這幾次的變化及其背景因

〔註47〕見《景印文淵閣四庫全書》。（臺北：臺灣商務印書館，1986）。
〔註48〕見長春圖書館《館藏國家珍貴古籍全文數據庫》。

素——尤其是在其詩藝尚未成熟之前——就無法說明其後各章的臺灣詩。這
幾期的風格特色若不先做交代，就很難清楚解說其後各章所選的臺灣詩，何以
有這樣的風貌呈現，而作者的分析、論述也就有落空之嫌。

　　第三章〈余光中臺灣詩中的「雙城記」〉，是分析余光中「臺灣情」的遞變
軌跡。余光中被稱為鄉愁詩人，其詩中不時流露思鄉之情，長期以來被某些人
誤解其愛中國大陸，比愛臺灣多了許多，則臺灣在其心中究竟佔了多少份量？
其對身為「臺灣人」的認同感，是否只是詩中敷衍地虛應故事而已，抑或是真
心誠意地認同這個臺灣身份、深愛臺灣這塊土地。本論文既以研究余光中的臺
灣詩為對象，則其對臺灣的感情自然就有論述的必要。因為余光中對臺灣的感
情若不能被確認為真正存在，則以後各章的論述都將是空談。本章從余光中先
後居住的兩個城市——臺北與高雄——其間的生活描寫情形，去詮釋余光中
真正的「臺灣情」，旁及其親人（父母、妻女）與臺灣的關係，一併在本章論
述，可說是余光中臺灣情的輔證。

　　其後第四章至第七章，則是分論余光中對臺灣的書寫。如前所述，它紛繁
而多元，且分布不均，分類極為不易。本文採「人」、「事」、「景」、「物」四大
類以歸之，分以「師友情」、「社會事」、「地理景觀」與「品物志」四章論述。
這順序不僅是從俗一義而已，將「師友情」、「社會事」置前，亦含有對人、事
的尊重之意；其後「地理景觀」與「品物志」依次分列在第六章與第七章。這
樣的安排是從余光中本人、親人，次及至師友，再次及至其躬見親歷之社會事，
最後擴大到天地、萬物。這順序是以余光中本人為中心，由親而疏，由近及遠，
依親疏、遠近，逐次擴大範圍去論述的，這就是本文篇章安排的基礎所在。

　　第八章則是歸納第三章至第七章，余光中書寫臺灣時，其中對神話傳說的
運用與象徵意涵，這是余光中臺灣詩極特殊之處，有加以歸納整理之必要。

　　第九章總結本論文研究的結果，肯定余氏的臺灣詩在臺灣文學史的意義
與價值。

第二章　余光中臺灣詩的三個時期

　　詩是詩人心靈的投射，詩人寫詩，余光中喻之是詩人「甜蜜的負擔」：

　　　　我這一生，自從寫詩以來，只要一連三月無詩，就自覺已非詩人。
　　　　詩意之來，有如懷孕，心動有如胎動，一面感到壓力，一面又感到
　　　　希望，可謂甜蜜的負擔。〔註1〕

余光中雖然把詩的孕育過程，比之懷孕，但又分析二者的差別：孕婦的「噁心」，
亦即李賀母親所謂的「嘔心」，也就是詩人的「用心」。孩子出世後無法修改，可
是詩成之後，卻可一修再修；這一點，詩人認為也比孕婦甚或畫家幸運。〔註2〕
天才型的詩人下筆立就，無須修正；余光中則認為修詩是詩人「自我淬礪的要
務」：

　　　　改詩，正是詩人自我淬礪的要務。所謂修改，就是要提升自己，比
　　　　昨天的我更為高明，同時還要身外分身，比昨天的我更加客觀，所
　　　　以才能看透自己的缺失，並且找到修正的途徑。詩人經驗愈富，功
　　　　力愈高，這自我提升的彈性就愈大，每每能夠把一首瑕瑜互見的作
　　　　品，只要將關鍵的字眼換掉，或將順序調整，或將高潮加強，或將
　　　　冗贅刪減，原詩就會敗部復活，發出光采。〔註3〕

修詩可以提升詩藝：換關鍵字、調前後順序、刪冗詞贅語與加強高潮等等，都
是詩的創作技藝。可見詩藝是余光中一生的志業，他畢生精力盡用於斯。他要
在自己煉詩的丹爐裏煉出一顆真丹來。只要活著，他腦中所思的，還是如何使

〔註1〕余光中，〈詩藝老更醇〉《藕神》。（臺北：九歌出版社，2008），頁11。
〔註2〕余光中，〈詩藝老更醇〉《藕神》，頁11～12。
〔註3〕余光中，〈詩藝老更醇〉《藕神》，頁12。

詩藝更臻高境：

> 近年的現代詩句越寫越長，泛濫無度。同時忽長忽短，罔顧常態，
> 成為現代詩藝的大病，也是令讀者難讀難記而終致疏遠的一大原因。
> 其實收與放同為詩藝甚至一切藝術的手法。一味放縱而不知收斂，
> 必然鬆散雜亂。許多年來我刻意力矯此病，無論寫分段或不分段的
> 詩，常會自限每行不得超過八個字，而在六字到八字之間力求變化。
> 其利在於明快有力而轉折靈便。這種「收功」不失為嚴格的自我鍛
> 鍊，對於信筆所至的作者該是一大考驗。詩藝乃終身的追求，再傑
> 出的詩人都還有精進的空間。〔註4〕

這些都是余光中追溯自己詩藝成長的經歷，足證他一生的創作就是詩藝的追求。

劉勰論西漢文學時云：「雖世漸百齡，辭人九變。」同樣地，余光中的臺灣詩歷半世紀有餘，其間也經歷多次改變。參較黃維樑〈情采繁富，詩心永春——試論余光中各時期詩作的特色〉、錢學武《自足的宇宙——余光中詩題材研究》及劉裘蒂〈論余光中詩風的演變〉三文後，〔註5〕本文將余光中的臺灣詩分為三個時期：臺北時期、香港時期與高雄時期。其中，余光中的臺北時期，是余詩的發育成長階段，受外在環境的影響很大，幾經衝撞、轉折，變動至為劇烈。若不細做交代，則無法解釋其後各章引詩的背景，這是「余光中臺灣詩」之所以成為「余光中臺灣詩」的重要過程，有詳加擘析的必要。所以本文又將臺北時期，分為浪漫的格律詩時期（1948～1956年）、受西方現代主義影響時期（1957～1959年）、受新古典主義影響時期（1960～1964年）、現代中國意識的驚蟄期（1965～1969年）與民歌時期（1970～1974年）等五個階段，所佔的篇幅因此較長。茲分述於後：

第一節　臺北時期——成長期：1948～1974 年

元稹〈夢遊春七十韻〉云：「美玉琢文珪，良金填武庫。徒謂自堅貞，安知受礱鑄。」坦承自己縱然堅貞得如美玉、良金，但社會風氣、文化環境的壓

〔註4〕余光中，〈詩藝老更醇〉《藕神》。（臺北：九歌出版社，2008），頁16。
〔註5〕黃維樑，〈情采繁富，詩心永春——試論余光中各時期詩作的特色〉《文化英雄拜會記》。（臺北：九歌出版社，2004），頁129～155。錢學武，《自足的宇宙——余光中詩題材研究》。（香港：香江出版社，1998），頁117～246。劉裘蒂，〈論余光中詩風的演變〉《璀璨的五采筆》（黃維樑編）。（臺北：九歌出版社，1994），頁46～77。

模，強如礱磨鎔鑄，也難免受其礱厲鑄模。這說明個人觀念，受社會影響之深切。

　　余光中臺灣詩的臺北時期，正是其創作的發育、成長階段，除受母體中國古典詩歌的哺育外，更多是受英、美等國詩歌及各種文學理論的啟發與衝擊，加上臺灣社會、文化的變動與政治干預等因素，不斷地使他的詩歌創作產生變動：

一、浪漫的格律詩時期：1948～1956 年

　　余光中最初的臺灣詩，受中國古典詩歌及英國十九世紀浪漫主義詩人的影響頗大，1952 年出版的第一本新詩集《舟子的悲歌》（1948.10～1952.2），就充滿既中又西的古典浪漫氣息。〔註6〕

　　1954 年出版的《藍色的羽毛》（1952.4～1953.12），是余光中第二本新詩集，四十三首詩依年代分成兩輯；其中第二輯有多首，是獻給表妹范我存的情詩。自承受二十世紀英詩人浩司曼（A.E.Housman）、佛洛斯特（R.Frost）、歐文（W.Owen）和女詩人狄瑾蓀（E.Dickinson）、魏里夫人（E.Wylie）、米蕾（E.St.Vincent Millay）等影響，〔註7〕此時的詩人年輕氣盛，境界不高，大多是格律之作，中國古典詩歌的傳統與英詩的影響，隨處可見。

　　《天國的夜市》（1953.12～1956.10），是余光中的第三本新詩集，此集遲至 1969 年才出版。六十二首詩中，主題大多是歌詠愛情、自然、音樂與玄思等等，也是上承新月之餘緒，旁擷英詩頌歌（ode）、四行體（quatrain）、雙行體（couplet）、與歌謠體（ballad stanza），並加以變體，仍處步五四新月派後塵的階段。

　　2004 年，余光中自評這時期的詩作認為：

> 二十多歲的我詩藝迄未成熟，對英詩的吸收尚在摹仿的淺境，以致句法失之西化，寫的句子還是「主詞、及物動詞、受詞」的公式順序，讀來水清無魚，平直乏味。唐詩宋詞雖然頗多體會，但是尚未悟出新詩正如古詩，一句話裏大可省去主詞，尤其是第一人稱的

〔註6〕余光中自云：「八年前我開始念舊詩，偶然也寫些絕句。三年前我的興趣轉移到英詩，也在那時，我開始認真地寫新詩。我覺得影響我的新詩最大的還是英詩的啟發，其次是舊詩的根底，最後才是新詩的觀摩。」見余光中，《舟子的悲歌·後記》。（臺北：野風出版社，1952 年版），頁 69。

〔註7〕見余光中，《藍色的羽毛》〈後記〉。（臺北：藍星詩社，1954），頁 86。

「我」。而句法呢？有時順句不如倒裝有力，連句不如插句多姿。其
實，一直要到《蓮的聯想》，我才充分悟出此理。〔註8〕

這時期余光中的臺灣詩作，除有上述句法、句式的缺失外，題材的狹隘、感性
多於知性，也是一弊：

另一方面，當年《天國的夜市》在題材上也欠廣闊，不過對一個二
十多歲的青年詩人而言，也不能苛求了。大致上，書中的作品多為
抒情，但知性不足。……幸而還寫了一些諷刺詩，……儘管未成氣
候，總算為日後的諷刺之作跨出了初步。〔註9〕

余氏之論，可為自己這時期的新詩技巧做了最好的評註。總之，這時期的題材
失之窄狹，形式除步新月派之格律外，又加入西洋詩體或變體；句法不是失之
西化，就是失之散文化，尚未領略倒裝及省略字詞等變化。

二、西方現代主義影響時期：〔註10〕1957～1959 年

1955 年，余光中在臺灣的《大華晚報》，連載中譯伊爾文·史東（I.Stone，
1903～1989）所著的《梵谷傳》（*Lust for Life*），自云從此其美學觀念深受影響，
對「美」有了新的定義與體認。與此同時，余光中也翻譯美國女詩人狄瑾蓀的
詩：

欣賞到她那種神祕而集中的表現手法，以及突出而躍動的意象。同
時，我也結婚了。新生命中的「她」是敏感的動物與精緻的靈魂，
她的敏感刺激了我的敏感，在這種綜合的靈感下，我的現代化開始

〔註8〕余光中，《天國的夜市·新版自序》。（臺北：三民書局，1969 版），頁2。
〔註9〕余光中，《天國的夜市·新版自序》，頁2。
〔註10〕這裡所謂的西方「現代主義」（Modernism），是一個籠統的術語，可追溯性地
適用於二十世紀初期，一個範圍很大，有實驗和前衛傾向的文學（或其他藝
術）——除了獨立作家的創新手法外，還包括象徵主義、未來主義、表現主
義、意象主義（意象派）、渦紋主義、達達主義和超現實主義。現代主義的文
學主要是以摒棄十九世紀的傳統及其作者與讀者的一致合意為特徵。現代主
義的作家傾向於視自己為脫離中產階級庸俗價值的先鋒（前衛派），而且接納
複雜且難懂的新形式與格式，去擾亂讀者。在詩方面，Ezra Pound 和 T.S.Eliot
用零碎意象的拼貼和複雜的暗示，取代了邏輯思考的闡述。在英語世界，主要
的里程碑是 Joyce 的 *Ulysses* 和 Eliot 的 *The Waste Land*（兩者都在 1922 年發
表）。參見 Chris Baldick，《牛津文學術語詞典》（*The Concise Oxford Dictionary
of Literary Terms*）。（上海：上海外語教育出版社，2000），頁140。臺灣將之
引入，表達知識分子的焦慮苦悶，但其焦慮的社會根源，不是來自工業革命與
資本主義，而是來自戒嚴時期的政治高壓政策。

了。〔註11〕

這是余光中回憶他的詩所以「現代化」之本身因素。余光中這裡所說的「現代化」、「現代」，和當時歐美所說的「現代」、「現代化」並不完全相同：

> 所謂「現代」，在一九六〇年代的許多詩人的認識裡，似乎是反叛、虛無、晦澀的同義詞。如果這是依據西方的理論，應該可以成立。但是余光中認為「現代」的定義，並不必然都要追隨西方，臺灣自有其獨特的現代，其精神與內容都是來自臺灣史與現實的情境。詩是詩人所處時代的一個產物，而不是外來理論的副產品。〔註12〕

所以當時臺灣所說的「現代」，是取「目前所處時代」的意思，也就是指臺灣當時的那個時代背景而言，它和過去的「舊時代」是相對的；所謂「現代化」，是指這時期所有臺灣社會，「與時推移」的種種變化，當然也包括受西方現代主義影響，臺灣文壇所產生的變化。這與西方所說的「現代化」不同。當時的臺灣既不是全然的資本主義社會，也還沒到完全民主自由的階段，工業、科技更只在萌芽階段。若把工業化、科技化、資本主義，以及西方人的虛無、苦悶等反動心態，和臺灣所說的「現代化」劃上等號，是說不通的。

余詩所以「現代化」的另一個因素，則來自外在環境，也就是當時詩壇的論戰：

> 先是聯合報上有人寫一連串批評的文章，我也是受攻擊的目標之一。儘管其人罵得並不很對，卻使我警惕了起來。然後是四十五、六年的現代化運動的全盛期，許多優秀的新人陸續出現。現在我仍清晰地記得，自己如何一個接一個地認識了夏菁、吳望堯、黃用，以及他們週末在我廈門街的寓所談詩（或者爭吵）的情形。我一面編《藍星週刊》與《文學》、《文星》的詩，一面投入這現代化的主流，其結果是《鐘乳石》中那些過渡時期的作品。〔註13〕

從臺灣文學史來看，五〇、六〇年代的臺灣文壇，沒有一個文人不受西方現代主義的洗禮。「文變染乎世情」，現代主義使臺灣文壇產生全新的風貌，余光中自然也現代主義了起來：

〔註11〕余光中，〈從傳統詩到現代詩〉《掌上雨》。（臺北：大林出版社，1970），頁181～182。

〔註12〕陳芳明，〈詩藝追求，止於至善〉《印刻文學生活誌》第肆卷第玖期。（臺北縣：印刻文學生活雜誌社有限公司，2008年5月），頁97。

〔註13〕余光中，〈從傳統詩到現代詩〉《掌上雨》。（臺北：大林出版社，1970），頁182。

《文星》不管在政治上、還是在文化上，那種革新的態度都影響了我。但是在《文星》之前，紀弦他們也不能說沒有影響我。同時代的人一定互相影響，不論是正面還是反面，都有影響。紀弦一直嘲笑我，寫的都是新月派的餘波盪漾，對我也造成一些壓力。但說實話，那時的紀弦，對我而言，也具有相當的吸引力，就像一個千金小姐，看到江湖浪子，也有逃家的想望，到最後我又回家了。〔註14〕

雖說當時臺灣文壇受現代主義影響，但許多文人還是有臺灣的現代主義與西方的現代主義不同的自覺。覃子豪就曾解釋臺灣詩壇的現代主義，與西方現代主義的不同：

中國詩人不自覺的受了歐美現代主義的影響，詩的看法為之改觀，產生了創造的自覺，於是新詩邁向現代的途徑……。這一動向似乎和歐美現代主義的精神趨向一致，實際上它具有中國時代和現實的特殊感覺，所形成的獨特的質素。因為它是中國詩的現代化，不是中國詩的歐化。「現代」二字，含有當代的意義，不是西洋詩任何流派的從屬。……這是他山之石的攻錯，不是移植，更非擬摹；這是獨創，是不屬於任何流派而具有現代精神的獨創。〔註15〕

就在這種「現代化」的氣氛中，臺灣詩壇響起改這時期的白話詩為「現代詩」的聲音，余光中解釋這是文學的自然趨勢：

從新月出發，我這一代開創了現代詩，正如新月諸賢從古典詩出發，而竟開創了新詩一樣；這原是文學史發展的自然趨勢。〔註16〕

一場「現代詩」論戰於焉展開。其實新文學形式與風格的產生，不僅與新一代的出現有關，也與上一代的成熟作品，深刻影響下一代有關。只用世代交替來解釋文學的變化，並不能說明文學發展的複雜過程，原因是：

文學變化是一個複雜的過程，它隨著場合的變遷（occasion to occasion）而千變萬化。這種變化，部分是由內在原因，文學既定規範的枯萎和對變化的渴望所引起。但也部分是由外在的原因，社會

〔註14〕劉思坊記錄，〈記憶像鐵軌一樣長——余光中對談陳芳明〉《印刻文學生活誌》第肆卷第玖期。（臺北縣：印刻文學生活雜誌社有限公司，2008年5月），頁88。

〔註15〕此段見余光中《鐘乳石》〈前言〉引覃子豪語。（臺北：中外畫報社，1960），頁1。

〔註16〕余光中，《天國的夜市·後記》。（臺北：三民書局，1969），頁116。

的、理智的（intellectual）和其他的文化變化所引起的。〔註17〕
韋勒克與沃倫用外在環境變化與內在文學規範的枯萎，解釋文學變化的原因。
這比新世代興起理論或俄國形式主義的「自動化」概念來得周全，因為它綜合
上述兩種理論的內容。

> 所謂「現代詩」，似乎有兩種解釋：其一是廣泛的，指富有現代精神
> 的一切作品；其一是比較狹義的，指合乎現代主義之理論的作品。
> 這裡的作品應該屬於第一類。〔註18〕

余光中認為「現代詩」，是在「現代與古典、主知與抒情、超現實與寫實之間
有所取捨，並加融合。」〔註19〕這與紀弦的現代詩派所謂的現代詩是不同的。
〔註20〕

　　這時的臺灣所以如此熱切地接受西方思潮，原因不止一端，學者論述頗
多。〔註21〕余光中回憶說：

> 當年的詩人何以如此熱中於向西方取經，其原因也不能簡化為純然
> 「崇洋」。臺灣地促島孤，當時的政局塞困、社會保守、資訊閉塞，
> 詩人們易患文化恐閉症，自然想追求世界潮流。加以當局只解鼓吹
> 反共文學，尤其是所謂「戰鬥文藝」，青年詩人乃引「外援」以為對
> 抗。同時對岸的意識形態所厲行的那種普羅文學，強調什麼階級鬥
> 爭，更令人感到莫大的壓迫，那威脅對於剛剛渡海過來的外省青年，
> 尤為真切。〔註22〕

〔註17〕 R.Welleck & A.Warren, *Theory of Literature*（3rd edition）（Harcourt, Brace &
　　　　World, Inc. New York, 1956），p.267，譯文參見劉象愚、邢培明、陳聖生、李哲
　　　　明等譯，《文學理論》。（南京：江蘇教育出版社，2005），頁 321。
〔註18〕 余光中，《萬聖節‧序》。（臺北：藍星詩社，1960），頁 1。
〔註19〕 余光中，〈當繆思清點她的孩子──跨海跨代的《新詩三百首》〉《新詩三百首》。
　　　　（臺北：九歌出版社，1995），上冊，頁 43。有關余光中對「現代詩」一詞的
　　　　解釋，還可參見其〈現代詩的名與實〉一文，收在《望鄉的牧神》。
〔註20〕 余光中，〈當繆思清點她的孩子──跨海跨代的《新詩三百首》〉《新詩三百首》，
　　　　上冊，頁 42。余光中認為這種狹義的「現代詩」，「追求西方的現代主義為目
　　　　標，凡波特萊爾以降的西方詩派，均為其取法的對象。至於詩體，則強調用散
　　　　文來寫自由詩。其間心靈用力的方向，早期則強調反浪漫的主知主義，後期卻
　　　　轉而熱中解放潛意識的超現實主義，至其末流，不幸每淪於晦澀與虛無。」
〔註21〕 可參見朱芳玲，《六〇年代臺灣現代主義小說的現代性》。（臺北：臺灣學生書
　　　　局，2010）。
〔註22〕 余光中，〈當繆思清點她的孩子──跨海跨代的《新詩三百首》〉《新詩三百首》。
　　　　（臺北：九歌出版社，1995），上冊，頁 43。

這種對戒嚴體制高壓政策的反動心理，是臺灣接受西方現代主義的重要原因。於是臺灣文壇掀起一股現代主義浪潮，文人、學者望風披靡，也因此掀起了幾場現代詩的論戰。

這時期的余光中受歐美現代主義的洗禮與啟示，使其詩風有了重大改變：從《鐘乳石》（1957.4～1958.9）的醞釀、實驗，〔註23〕到《萬聖節》（1958.10～1959.7）受現代藝術與現代音樂的啟示，他大膽創作立體派抽象化的現代詩，務使其詩富「現代」精神。〔註24〕

這時的余光中脫離傳統，轉向現代，全力「現代化」。他不再當浪漫才子，也不寫格律詩去迎合腐儒們的掌聲。在詩的形式上，分段不再工整，分行也不規則，單軌與雙軌句法並用，句式更隨文意參差錯落。

這時的他，揚棄「裝飾性」（decorativeness），也不再「模仿自然」（representation of nature），而是以另一種眼光去「看」待自然——自認為是在混沌中，看出自然的新秩序——就像畢卡索那些現代立體派之抽象畫家一樣，將一切事物抽象化、簡化，使其詩在高度的簡化下，產生簡約樸素的風格，於是部分作品有抽象的趨勢。但是全然的抽象將導致與現實脫節；完全具體寫實又陷入自然主義的窠臼，這時期的余光中，乃專力在抽象與具體的適度拿捏上下功夫。這時期雖短，卻是余光中極大的轉變期。

三、新古典主義時期：1960～1964 年

現代主義產生於歐美，是西方工業文明與資本主義下的產物。它反因襲、反寫實，是對古典主義、自然主義等傳統主義的一種反動。這種反傳統的情緒，剛好與當時的臺灣相和。但是五○、六○年代的臺灣，尚未完全的工業化與資本化，臺灣現代詩人反叛傳統，顛覆現實，用西方的超現實、意識流、拼貼等等手法，強做虛無、晦澀語，詩中充滿荒謬感、孤絕感，不但使詩的語言混沌

〔註23〕余光中自云：「我們寫詩，只是一種存在的證明。『我在。我在這裡。我在這裡生存。』它只是否定夜的一聲吶喊。〔……〕我們的作品頗為野蠻，頗為桀驁不馴，那些聽慣了神話和童歌的聽眾，是無法適應現代詩的氣候的。英國作家蘭道（W.S.Landor，1775～1864）說過：『我的晚餐也許延遲，可是餐廳將燈火輝煌；賓客雖少，卻都不凡。』現代詩的作者也有此抱負。」見余光中，《鐘乳石·後記》。（臺北：中外畫報社，1960），頁90。

〔註24〕余光中自云：「文藝有其連環性，〔……〕作者在新大陸時，深受現代畫的啟示，大部分作品乃有抽象的趨勢，〔……〕如果讀者能自立體派甚至抽象派的觀點去讀，將比較容易把握它們的精神。」見余光中，《萬聖節·序》。（臺北：藍星詩社，1960），頁2～4。

不明，也讓作品結構支離破碎，不免顯得怪異且無病呻吟——實則此「病」非彼「病」——乃招來裝模作樣的「早熟」之譏。

六〇年代初，余光中已開始意識到現代主義的弊端，試圖走出現代主義的陰影。1961 年 2 月，他在《現代文學》發表長詩〈天狼星〉（分十一章，六百廿六行），〔註25〕張健視為「獨立的史詩」，洛夫則批評「現代」不足，「傳統」有餘。〔註26〕此詩被當時崇尚現代主義的詩人，詬病為不夠虛無，太貼近現實。余光中為此提出〈再見，虛無〉一文答辯，從此他批判現代主義，宣告回歸傳統。〔註27〕

> 到了〈天狼星〉，我已經暢所欲言，且生完了現代詩的痲疹，總之我
>
> 已經免疫了。我再也不怕達達和超現實的細菌了。〔註28〕

余光中回歸傳統，與現代主義分道揚鑣，並非是回歸復古的路線或是棄絕現代主義的精粹；而是執古御今地欲開創他詩歌的獨創性，也就是劉勰所說的「通變」。韋勒克與沃倫認為文學作品的價值，不只在題材、情節或格律、音韻等文學技巧的新穎，更在於詩人鎔合題材、技巧、情節的能力，以及作品所創造出來的感染力量與藝術價值。〔註29〕

> 在一個特定的傳統內進行創作，並採用它的種種技巧，並不會妨礙
>
> 創作作品的感性力量和藝術價值。〔註30〕

沒有一個大氣魄的作家會因為使用、改編或修飾傳統的主題和意象，或者是接受某文學潮流的影響而低人一等或因此缺乏獨創性。〔註31〕也就是說，大作家往往能兼融古今詩藝之菁華，為自己闢出一條羅馬大道。

〔註25〕〈天狼星〉是由十首詩組成的組詩——最短三十行，最長八十行，合計六百二十六行。氣魄宏大，場景壯闊，有余光中的個人經歷，也有當時現代詩人的寫照，堪稱是中國現代詩的小型詩史。

〔註26〕洛夫，〈天狼星論〉《現代文學》第 9 期（1961 年 7 月），頁 77～92。

〔註27〕余光中將其詩集，取名為「五陵少年」，自云取如此形象鮮明的古典意象，正是為表明自己回歸古典的決心。

〔註28〕余光中，〈從傳統詩到現代詩〉《掌上雨》。（臺北：大林出版社，1970），頁 184。

〔註29〕R.Wellek & A.Warren, *Theory of Literature*（3rd edition）（Harcourt, Brace & World, Inc. New York, 1956），pp.258～259，譯文參見劉象愚、邢培明、陳聖生、李哲明等譯，《文學理論》。（南京：江蘇教育出版社，2005），頁 310～311。

〔註30〕R.Wellek & A.Warren, *Theory of Literature*（3rd edition）（Harcourt, Brace & World, Inc. New York, 1956），p.257～266，譯文參見劉象愚、邢培明、陳聖生、李哲明等譯，《文學理論》。（南京：江蘇教育出版社，2005），頁 311。

〔註31〕R.Wellek & A.Warren, *Theory of Literature*（3rd edition），p.257～266，譯文參見劉象愚、邢培明、陳聖生、李哲明等譯，《文學理論》，頁 311。

對現代主義，余光中是用通變的態度，採取廣義的現代主義——也就是有限度且批判性地接受，強調新詩必須現代化。於是他一方面，為現代詩的立場辯護；另一方面，又和現代詩人爭論——如〈天狼星〉論戰。這種雙面作戰，正凸顯他批判狹義現代主義的立場：

> 在論戰的時候，我是現代詩的維護者，但在現代詩人中間，我又是個叛逆者。我變成一個「雙重」的身分，在維護與叛逆之間遊走。
> 〔註32〕

為此，他樹敵極多，守舊的批評他悖離傳統，而現代詩人則以不夠虛無、晦澀詬病他，使他腹背受敵：

> 一九六一的詩壇是荒涼的。沒有新的名字可以填補許多空白。黃用在伊利諾易，望堯在西貢，夏菁於八月底去了科羅拉多，阮囊流落南部。這是晚唐時期，連小杜也沒有的晚唐。眼看這種 unicorn 即將滅種了，奈何。〔註33〕

「unicorn」是西洋傳說中，身體似馬，頭上只長一隻角的獨角獸，歷來都是貞潔的象徵。余光中形容這時的臺灣詩壇被「蜘蛛網封鎖」了，而「遠洋在製造颱風」——「颱風」就是指西方的現代主義，包括達達主義、超現實主義等等。能堅守立場，不受時潮蠱惑的詩人形將「滅種」，可見當時心情的無奈。

余光中強調理論不能壓倒創作，否則就是一種喧賓奪主的現象：

> 作者們忙於適應所謂現代主義的氣候，而未能表現自己內在的生命。許多詩人為了要服現代主義的藥丸，而裝出咳嗽咳得很不輕的樣子，咳久了之後，也就成了習慣了。對於一個詩人，最重要的問題是：我有怎樣的經驗，我該怎樣去表現那種經驗；而不是別的詩人有怎樣的經驗，怎樣去表現，以及要做一個現代詩人就應該如何如何等等。企圖用理論來支配創作是愚蠢的，因為在這種情形下，創作必然僵化，甚至窒息。至於生吞活剝，而欲將自己也沒有消化的外國理論加在詩人們的頭上，為害的程度就更嚴重了。〔註34〕

創作不該被理論牽著鼻子走，創作是詩人生命經驗的呈現，理論只是為解釋創作而設，孰先孰後，道理是很清楚的。從此，回歸自己的傳統，不必盲目地往

〔註32〕劉思坊記錄，〈記憶巷鐵軌一樣長——余光中對談陳芳明〉《印刻文學生活誌》第肆卷第玖期。(臺北縣：印刻文學生活雜誌社有限公司，2008 年 5 月)，頁 88。
〔註33〕見余光中，〈遠洋有颱風〉之〈後記〉(收在《五陵少年》)。
〔註34〕余光中，《五陵少年·自序》。(臺北：大地出版社，1981)，頁 7～8。

西方取經。歐美的種種主義與理論，給詩人的是一種洗禮、一個啟示，但不是
須如法炮製的藥方，這是余光中寫詩的不變原則：

> 為什麼要苦苦去挽救黃昏呢？
>
> 那只是落日的背影
>
> ⋯⋯
>
> ——何不回身揮杖
>
> 迎面奔向新綻的旭陽
>
> 去探千瓣之光的蕊心？
>
> 壯士的前途不在昨夜，在明晨
>
> 西奔是徒勞的，奔回東方吧
>
> 既然是追不上了，就撞上
>
> （〈夸父〉《紫荊賦》）

詩人「資於故實」地，利用中國傳說「夸父逐日」徒勞無功的故事，「酌於新
聲」地重新予以詮釋。〔註35〕他勸夸父不要再追「西方」的落日了，西方在地
平線之外，是暗黑的「昨夜」；回到自己「東方」的文化來吧，回東方才有前
途、才有希望。〔註36〕

　　回歸傳統的余光中，步入論者所謂的「新古典」時期。瘂弦說他「復辟」，
也有論者稱余光中為「新古典主義者」，余光中都澄清自己只是擇善固執：

> 表弟妹們也許要冠我以「新古典主義者」一詞，甚且「復古」、「復
> 辟」、「騎牆」、「妥協」等惡謚。事實上，我的主張是一柄青鋒稜稜
> 的雙刃劍，既斬左，亦斬右；它不是消極的和事佬式的妥協，它是
> 積極的從善的固執。〔註37〕

「表弟妹們」是余光中稱「所有現代主義作者」，〔註38〕他解釋回歸傳統不是

〔註35〕「資於故實」、「酌於新聲」二詞見《文心雕龍・通變》。

〔註36〕見《國光青年》230期。（高雄：國立中山大學附中，2009），頁22。高雄中山
　　　　大學附中校內，有「余光中詩園」余光中親自選定二十首展示，「分為三部分：
　　　　體育館圓形校徽旁的牆，三首；其鄰近建築八德館六樓牆壁，一首；八德館側
　　　　圓型花圃展示架，十六首。詩園在2008年10月19日建成開放，正是余光中
　　　　先生八十大壽之期。」見黃維樑，〈溫柔敦厚，詩教也——「余光中詩園」導
　　　　賞〉（2009年11月12、13日）《中華副刊》。

〔註37〕余光中，〈迎中國的文藝復興〉《掌上雨》。（臺北：大林出版社，1973），頁195。

〔註38〕見余光中，〈天狼星變奏曲・附註〉《天狼星》。（臺北：洪範書店，2008二版），
　　　　頁147。

現代與傳統妥協，也絕非復古——對腐儒的批判，他一樣不遺餘力。他是要利用傳統、發揚傳統，使傳統與現代接合，成為新的傳統。〔註39〕一位具有獨創性的詩人，不會因獨創而不符合傳統，反而會深入文學的歷史範型，尊重文學規律，而後將傳統帶入更深的層次去創造新的傳統。所以這絕不是單純的「回歸古典」——確切地說，應是對古典美學的挑戰；更不是與現實脫節——現代主義與現實的疏離（alienation），就是他不能忍受的。余光中認為「與現實脫節」的是「假古典」，他辨析「假古典」的特徵是：

> 在西方「古典」二字，特指中世紀前希臘羅馬的文學。頗普之流但解蕭規曹隨，只是假古典耳。〔註40〕

> 假古典風仍很流行，這一類的作品無論在題材上、觀念上或語言上，都與現實生活過分脫節，給人一種仿古贗品的感覺。如果作者於古典的修養不夠火候，則辭藻、句法、聲調等等，必然生硬牽強，不能做到圓融渾成的境地。至於此道真正的高手，在重現、重組古典意境之餘，常能接通那麼一點現代感或現實感，不讓古典停留在絕緣的平面。〔註41〕

余光中承認「新古典主義」只是他回歸傳統的一條路，這時的他走在這條路上，在此停留，但這只是一時，新古典主義絕不是他回歸傳統唯一的路。

> 不成熟的看法，會認為「古典」是和「現代」截然相反的本質。事實上，有深厚「古典」背景的「現代」，和受過「現代」洗禮的「古典」一樣，往往加倍地繁富而且具有彈性。……詩的藝術往往借對比而達到浮雕，甚至立體的效果。……如果說詩中出現了幾個古代的專有名詞或者習用句法，就喪失了進入現代的資格，那就是太起碼、太現成，也太天真的二分法了。〔註42〕

這時期余光中的作品風格龐雜：從實驗性的長篇組詩《天狼星》，〔註43〕到新古典風味十足的抒情小品《蓮的聯想》以及風格多樣的《五陵少年》。這

〔註39〕余光中，〈迎中國的文藝復興〉《掌上雨》。（臺北：大林出版社，1973），頁196。
〔註40〕余光中，〈摸象與畫虎〉《掌上雨》。（臺北：大林出版社，1973），頁129。
〔註41〕余光中，〈從天真到自覺〉《青青邊愁》。（臺北：純文學出版社，1985），頁129。
〔註42〕余光中，《蓮的聯想·初版後記》。（臺北：大林出版社，1977），頁160～161；又見於《余光中談詩歌》。（南昌：江西高校出版社，2003），頁297。
〔註43〕余光中自評此集中作品：「在內涵上，可以說始於反傳統而終於吸收傳統；在形式上，可以說始於自由詩而終於較有節制的安排。」見余光中，《五陵少年·自序》。（臺北：大地出版社，1981），頁2。

三本詩集寫作的時間都在 1960～1964 年，不但時間重疊，風格也呈現繁富多樣的變化。顯示余光中正在做多種的嘗試、摸索與整理，由此更可以看出他掙扎的軌跡。他以「坐看雲起時」，形容自己這時的心情：

> 看雲起時，善變的太空能作青白眼
>
> 看今之白我者，昔曾青我以晴朗
>
> 看雲起時，誰在作青白眼
>
> 我並未慟哭，並未慟哭如魏人
>
> 我適行到水窮處，疑無路
>
> 遂坐看雲起，測風的方向
>
> （〈坐看雲起時〉《五陵少年》）

他既抗拒「流行」，就只能靠自己摸索著去測知風向；所以這時期的作品風格才這麼龐雜。但是它們不是以傳統為背景的「現代」，就是在「現代」觀照下的「古典」──也就是說有深厚「古典」背景的「現代」和受過「現代」洗禮的「古典」──〔註44〕這都是這時期余詩的共同特點：很有現代感與現實感的古典，而這正是余光中心目中的新古典主義特點。其中《五陵少年》〈史前魚〉的玄想、《天狼星》〈憂鬱狂想曲〉的飛揚跋扈，好似前一期現代化的餘緒迴旋，可見詩風之轉變，絕不能爽利地一刀兩斷，斬切淨盡的。

　　《天狼星》是余光中此期，在長詩──尤其是長篇敘事詩──這種詩體的嘗試，自云其所表現的是他「一九六一年春天的精神狀態」。〔註45〕其中〈憂鬱狂想曲〉和〈大度山〉，是現代詩追求特殊音效的嘗試，適合演誦（甚或選用適當樂器配合），不宜默讀。〈憂鬱狂想曲〉更將強調音響字眼者，壓低幾行排列──或放大字體，或加粗字體，或選用形聲字以加強視覺效果。〈大度山〉則以四小段壓低排列的四小段輔文，與正文做對比。朗誦時，正文、輔文分成兩種聲音以做對照。〈天狼星〉是余光中寫過篇幅最長的一組詩（分十一章），稱得上是長篇鉅製，抒情、敘事各半，故未可以「長篇敘事詩」稱之，反倒更像是一大組曲。對這種長篇詩體，余光中承認這次的嘗試是失敗的：

> 我自己認為當日〈天狼星〉之所以失敗，是因為主題不夠明確，人物不夠突出，思路失之模糊，語言失之破碎。總而言之，是因為定力不足而勉強西化的原故──就像一位文靜的女孩，本來無意離家出走，

〔註44〕余光中，《蓮的聯想・初版後記》。（臺北：大林出版社，1977），頁 160。
〔註45〕余光中，〈再見，虛無〉《掌上雨》。（臺北：大林出版社，1970），頁 151。

卻勉強跟一個狂放的浪子私奔了一程那樣。⋯⋯〈天狼星〉舊稿在命
題、結構、意象、節奏、語言各方面，都有重大的毛病。〔註46〕

命題不能統一、結構離散錯亂、思路模糊以及人物的錯疊不鮮明，余光中所列
的這些缺失，正是當年現代主義所特意標榜的，顯見他雖自稱這時已走出現代
主義的陰影，實則〈天狼星〉仍有現代主義悖離、顛覆的影子在。「《天狼星》
的確是我在現代主義表現上的極端」。〔註47〕然而詩人這種勇於嘗試，又能深
刻反省、坦承缺失的勇氣，正是真正藝術創作者最可貴的尊嚴，也是余光中能
日臻成熟的不二法門。

　　《蓮的聯想》是余光中向古典擷取精華，對古典美學的綜合整理；也是余
詩「三行體」由蹊徑成熟為大道的代表作。這種「三行體」的形式特徵是：分
段工整，每段三行──句子長短相濟，較常見的句式是第一、三句長，第二句
短。句法簡樸，〔註48〕擅長二元對比與排比的靈活運用：

> 《蓮的聯想》，無論在文白的相互浮雕上，單軌句法和雙軌句法的對
> 比上，工整的分段和不規則的分行之間的變化上，都是二元的手法。
> 在風格上，它的感情甚且是浪漫的，但是卻約束在古典的清遠和均
> 衡之中。這也許是一種矛盾。調和是愉快的，但是矛盾似乎更美更
> 美吧。〔註49〕

浪漫、清遠的風格，富韻律的節奏，使《蓮的聯想》充滿古典的幽靜感。在臺
灣當時標榜與傳統斷裂（rupture），以「現代主義」為標尺的潮流中，余光中
另覓一條溪流，自喻是「一灣小小的逆流」。〔註50〕

　　余光中承認《五陵少年》風格之龐雜，為其所有詩集之最。其中除〈圓通
寺〉、〈登圓通寺〉是《蓮的聯想》那種三行體外，其餘則多態紛呈。顯見這時
的他，雖知回歸傳統為不二法門，但仍未找到進入這法門的康莊大道。康莊大
道容或有多條，這時的他正多方位地尋找：

〔註46〕余光中，〈天狼仍嘷光年外──《天狼星》詩集後記〉《天狼星》。（臺北：洪範
　　　　書店，1976），頁 158。
〔註47〕劉思坊記錄，〈記憶巷鐵軌一樣長──余光中對談陳芳明〉《印刻文學生活誌》
　　　　第肆卷第玖期。（臺北縣：印刻文學生活雜誌社有限公司，2008 年 5 月），頁 89。
〔註48〕其中，中國詞曲結句常用的「三聯句式」，在此集中頗繁地出現，為此集句法
　　　　之特色。參見江萌，〈論三聯句──關於余光中的「蓮的聯想」〉《蓮的聯想》。
　　　　（臺北：大林出版社，1977），頁 139。
〔註49〕余光中，《蓮的聯想・初版後記》。（臺北：大林出版社，1977），頁 161。
〔註50〕余光中，《蓮的聯想・改版自序》。（臺北：大林出版社，1977），頁 2。

> 早一點的幾首，……或狂，或怒，或粲野，或淒厲，都有那麼一點
> 獨來獨往的氣概。晚一些的，則漸漸緩和下來，向不同的方向探索：
> 〈圓通寺〉是一個方向，〈香杉棺〉是一個方向，〈黑雲母〉又是一
> 個方向。〔註51〕

他自喻是藝術的多妻主義者，〔註52〕樂於追求各式各樣的美——古典與現代、
剛猛與秀雅——只要是美，恆是他追尋的目標。這期間愈是後期的作品，愈可
以看出其詩藝逐漸趨於成熟、圓融。

四、現代中國意識的驚蟄期：1965～1969 年

「現代中國」是相對於「古中國」而言。所謂「現代中國意識的驚蟄」
是指詩人如動物蟄居般地省悟，自己是處在「現代中國」這個的歷史位置，
意識到自己寫詩的方向就在這個時間點上，這個歷史感對詩人具有打樁定位
的意義。

《敲打樂》的節奏「在分段分行上自由開闊」，詩句長而標點少，有些地
方，字眼一再重複，加快詩的節奏，詩雖明快卻有緊迫感：

> 把中國的古風與西方的無韻體（blank verse）融為一體，從頭到尾連
> 綿不斷，一氣呵成，這對詩人的布局與魄力是一大考驗。……久之
> 此體竟成了虎背，令騎者欲下不得。〔註53〕

這種情形余光中自謂在《藕神》裡總算下了虎背（《藕神》的分段詩近三十首）。

《敲打樂》是余光中第二次旅美，在美國教書兩年所寫的作品。此時的他，
心境激昂難平，乃以「敲打」名之，〔註54〕自云所寫的是徘徊在「寂寞與激昂
之間」的浪子情懷，〔註55〕心境是激烈、動盪的。顯然，回歸傳統遇到了瓶頸。
他雖強調自己在作品裡用典或以古人古事入詩，並非如批評者所言，是遁入古
代、脫離現實，而是恰當地賦經典以新義，他絕不是只追求新古典主義這種詩
風的人：

〔註51〕余光中，《五陵少年・自序》。（臺北：大地出版社，1981 版），頁 2。
〔註52〕余光中，《五陵少年・自序》，頁 4。
〔註53〕余光中，〈詩藝老更醇〉《藕神》。（臺北：九歌出版社，2008），頁 15～16。
〔註54〕這時的余光中尚未注意到美國的搖滾樂，取「敲打樂」非與之有關，只單純以
　　　　之譬喻心境而已。參見余光中，《敲打樂・新版自序》。（臺北：九歌出版社，
　　　　1986），頁 15。
〔註55〕余光中，《敲打樂・新版自序》。（臺北：九歌出版社，1986），頁 8。

> 有些論者一直到現在還在說，我的詩風是循新古典主義，與現實脫
> 節云云。什麼是現實呢？詩人必須寫實嗎？詩人處理的現實，就是
> 記者報導的現實嗎？……我曾經提倡過所謂新古典主義，以為回歸
> 傳統的一個途徑，但是這並不意味我認為新古典主義是唯一的途徑，
> 更不能說我目前仍在追求這種詩風。〔註56〕

這時的余光中有意擺開新古典主義的框架，不喜論者以新古典主義者框他，是
很明顯的。身為一個「現代」詩人，告別了現代的巴黎、沙特，回歸古典的長
安、李白，是否就此安身立命呢？如果回歸傳統，有許多層面，現在的他只是
在單純地把長安、李白賦予新義這一層面，那麼還缺了什麼？那蟄居心中的
「現代中國」意識，彷彿正逐漸甦醒。

　　他不甘於「自己的藍墨水中，只有外國人或唐朝人的血液」，〔註57〕為了
找出答案，他不停地思索辨證，從《天狼星》的〈憂鬱狂想曲〉，到異地壯懷
激烈的《敲打樂》，再到回臺灣的《在冷戰的年代》，是「一個不肯認輸的靈
魂，與自己的生命激辯復激辯的聲音」。〔註58〕兩個極端的自我不斷地對某一
主題──尤其是「中國」與「我」（self）這兩個主題──從歷史的角度，展開
正反兩面的激辯、爭論，〔註59〕如知道自己不是誰，卻又不知道自己是誰？而
這個「自己」與民族、歷史、生命、造化，又存在著什麼關係？這時的他，
徘徊在幻滅與憂鬱之間，尋尋覓覓，因此，同一個主題就常出現正反的兩首
詩來，如：

> 凡我至處，掌聲必四起如鴿羣
> 騷動的鴿羣，白羽白羽紛紛
> ……
> 我要去的，是一種無人地帶
> 一種戈壁，任何地圖都不記載
> ──一種超人的氣候，懼者不來
> 是處絕無鴿羣，只有兀鷹

〔註56〕余光中，《敲打樂・新版自序》，頁10。
〔註57〕余光中，《在冷戰的年代・後記》。（臺北：藍星詩社，1969版），頁157。
〔註58〕余光中，《在冷戰的年代・後記》，頁157。
〔註59〕余光中這裡所探討的「（自）我」（self）與現代主義的「自我」（ego），並不一
　　　　樣：前者強調個人在外在世界中的主體定位；後者則是強調個人之心理活動
　　　　與深層的意識形態。

　　……，凡我至處

　　掌聲必四起如鴿羣，我的心

　　痛苦而荒涼，我知道，千隻，萬隻

　　皆是幻象，一隻，也不會伴我遠行

　　（〈凡我至處〉《在冷戰的年代》）

這首詩寫在 1968 年 11 月 2 日，兩個月後（1969 年 1 月 19 日），他又寫道：

　　凡我至處，反對之聲必蜂起

　　皆嗡嗡，皆營營

　　一團憤怒之雲遂將我圍困

　　一舉步一個新的戰爭

　　而我是這樣固執的一頭熊

　　眾口交詬，千螫齊下之刺痛

　　豈能阻擋我獨自闖

　　進去，闖進去嚐

　　一點點，就算那麼一點點

　　——甜中之甜？

　　（〈熊的獨白〉《在冷戰的年代》）

他讓問題的正反兩面，在心中激盪、碰撞，期望撞開一條路來。這時期正是〈白玉苦瓜〉所說的「瓜而苦」階段。不管是形而上的生命與死亡之探索，或是形而下的現實價值問題，如越戰與反戰，他都與現代主義的「疏離」背道而馳，他甚且自云是「以粗制粗」地譏諷超現實主義者：

　　要超就超他娘東方的現實

　　要打就打打達達的主意

　　把卡夫卡吐掉的口香糖

　　（上面爬滿歐洲的螞蟻）

　　嚼了又嚼

　　……

　　一種認真咀嚼的姿態

　　「嗯，這口香糖還真不壞！」

　　（〈超現實主義者——東方朔問：超誰的現實？打什麼主義？〉《在冷戰的年代》）

現代主義的疏離、虛無，是消極的批判，是冷漠與失望，是不確定與不穩定。
余光中則是不迴避問題地勇於介入，積極地尋求解決與突破之道：

> 沒有一個角落是安全
>
> 除了危險的中心
>
> ──那颱風眼，金髮，藍瞳
>
> ……
>
> 敢於應戰的，不死於戰爭
>
> （〈安全感〉《在冷戰的年代》）

他讓正反兩面說法反覆在心裡辨證，像獨白，又像對話。兩個自我在心中進行
辯論，有如巴赫金的複調（polyphony），〔註60〕直到取得和諧，找到答案為止。
這樣的辨證常用對襯的方式呈現，譬如他反越戰，於是把愛情與戰爭對舉：

> 讓戰爭在雙人床外進行
>
> 躺在你長長的斜坡上
>
> 聽流彈，像一把呼嘯的螢火
>
> （〈雙人床〉《在冷戰的年代》）

> 我們在床上，他們在戰場
>
> 在鐵絲網上播種着和平
>
> 我應該惶恐，或是該慶幸
>
> 慶幸是做愛，不是肉搏
>
> （〈如果遠方有戰爭〉《在冷戰的年代》）

「呼嘯的」「流彈」與「你長長的斜坡」、「床上」與「戰場」、「鐵絲網」與「和
平」、「肉搏」與「做愛」，都是二元對立，正反兩個相反的意象相互映襯，凸
顯戰爭的殘酷與荒謬，答案也就浮現出來了。

　　就這樣，他的心靈更臻成熟，慢慢悟出「現代中國」才是自己創作的主體：

〔註60〕巴赫金的複調原本是針對小說而論，他認為人與人是相互依存的，人類生活
　　　　本身就是充滿對話性。他不滿意文學作品中的人物始終是作者控馭下的奴隸，
　　　　於是提出複調理論。強調擁有主體權利的不同個性，以獨立的聲音平等對話。
　　　　在互證、互識、互動、互補之中，共存共生的一種境界──也就是在作品中，
　　　　有著眾多各自獨立而不相融的聲音和意識。參見胡經之、王岳川、李衍柱主
　　　　編，《西方文藝理論名著教程》。（北京：北京大學出版社，2003），下冊，頁240
　　　　～241；趙一凡主編，《西方文論關鍵詞》。（北京：外語教學與研究出版社，
　　　　2006），頁145～155。

> 我寧可看見現代詩人吟詠德惠街或水源路，像他們吟詠章臺或格林
> 尼治村那麼自然（？）生動（？）。……唯有真正屬於民族的，才能
> 真正成為國際的。這是我堅持不變的信念。〔註61〕

這時的余光中不像當時的臺灣現代詩人，拘泥在存在主義的沼澤中，去挖掘自我內心的深層意識，以逃避或拒絕現實世界。他已自我定位，釐清自己該努力的方向；徹悟一個時期潮流的起起落落、理論的消消長長，乃至詩門別派的分分合合，都只是虛浮幻影，從此他不再隨之浮浮沉沉：

> 乃悟詩的道路原是寂寞的長途，遠行人應有獨行的決心。至於潮流
> 起落，理論消長，派別分合，時而現代姿態，時而古典花招，時而
> 普羅口號，都只是西征途中、東歸道上的盧影幻像，徒令弱者迷路，
> 卻阻不了勇者的馬蹄。〔註62〕

而詩藝的追求才是一輩子的事，「文學是文字的藝術，詩是文字藝術中的藝術，必須有詩藝來承托，來增華，才成為真正的好詩。」〔註63〕只要融通中西與古今詩藝，就能使詩出神入化、點石成金。無須開口存在，閉口現代；非巴黎不安，非長安不為詩了。顏元叔說：

> 我以為余光中最突出的成就，還是在勇敢而深摯地表現了一個現
> 代中國知識分子，在民族情感上的痛苦反應。不少詩人也寫什麼死
> 亡破滅之類的主題，可是無根無葉，跡近抽象。余光中的感觸卻深
> 植於本國人的意識。……假使余光中能繼續把握這條主題路線發
> 展下去，他當可為二十世紀中葉以後中國人的痛楚，留下詩的見
> 證。〔註64〕

同樣地，余光中自己《在冷戰的年代·新版序》也說：

> 《在冷戰的年代》是我風格變化的一大轉捩，不經過這一變，我就
> 到不了《白玉苦瓜》，它是我現代中國意識的驚蟄。

這時的余光中，如浴火重生般，正待用詩，將現代中國心靈之所思所感，一一點石成金。

〔註61〕余光中，《在冷戰的年代·後記》。（臺北：藍星詩社，1969），頁158。
〔註62〕余光中，《與永恆拔河·後記》。（臺北：洪範書店，1979版），頁203。
〔註63〕黃維樑，〈用文心雕龍來析評文學——以余光珠作品為例〉。（「中國比較文學學會第六屆年會暨國際學術研討會」論文，1999），頁4。
〔註64〕顏元叔，〈余光中的現代中國意識〉，收錄在黃維樑編，《火浴的鳳凰》。（臺北：純文學出版社，1979），頁88～89。

五、民歌時期：1970～1974年

　　既確立創作的主體，也知道自己在歷史的定位，余光中從此進入〈白玉苦瓜〉所喻之「成果而甘」的階段。其詩作都是三度空間的思維：縱的歷史感、橫的地域性以及縱橫相交成十字路口的現實感：

> 到了中年，憂患傷心，感慨始深，那枝筆才懂得伸回去，伸回那塊大大陸，去沾汨羅的悲傷，易水的寒波，去歌楚臣，哀漢將，隔著千年，跟古代最敏感的心靈，陳子昂在幽州臺上，抬一抬槓，……現代詩的三度空間，或許便是縱的歷史感，橫的地域感，加上縱橫相交而成十字路口的現實感吧。不肯進入民族特有的時空，便泛泛然要「超越時空」，只是一種逃避。〔註65〕

他已找到自己在歷史的坐標，從此，步入嶄新的創作階段，他穩穩抓住歷史感、地域感與現實感，去刻畫現代中國的心靈，就像臺北故宮博物院所珍藏的白玉苦瓜那樣：

> 瓜而曰苦，正象徵生命的現實。神匠當日臨摹的那隻苦瓜，像所有的苦瓜，所有的生命一樣，終必枯朽，但是經過了白玉，也就是藝術的轉化，假的苦瓜不僅延續了，也更提升了真苦瓜的生命。生命的苦瓜成了藝術的正果，這便是詩的意義。短暫而容易受傷的，在一首歌裡，變成恆久而不可侵犯的，這便是詩的勝利。〔註66〕

現在的他已找到詩所以永恆的關鍵、不朽的法門，而有《白玉苦瓜》（1970～1974）的誕生，《白玉苦瓜》成為余光中詩藝成熟的代表作：

> 作品便是最真實的記錄了，在付印的前夕，把這些記錄再翻閱一遍，感覺之中，四年的經驗——個人的，希望也是民族的——似乎在這裏留下了一泓倒影。〔註67〕

在《白玉苦瓜》中，他寫現代的中國——有個人，也有民族——的經驗，這是他辛苦摸索大半輩子，終於找到的「康莊大道」，他正在這條大道上邁步猛進。

　　就在此時，余光中受美國搖滾樂的影響，對詩與音樂的關係特別敏感：

> 詩和音樂結婚，歌乃生。……搖滾樂正是詩與歌的結合。即使正宗的現代詩人如奧登等，也寫過不少歌謠體的詩。……歌，正如發行

〔註65〕余光中，《白玉苦瓜‧自序》。（臺北：大地出版社，1974），頁2～3。
〔註66〕余光中，《白玉苦瓜‧自序》，頁3～4。
〔註67〕余光中，《白玉苦瓜‧後記》。（臺北：大地出版社，1974），頁172。

刊物和舉辦朗誦會一樣，也是現代詩大眾化的一個途徑。當社會需
要歌，好聽又有深度的歌，詩人就應該滿足這種需要。……至於我
自己，對於詩與音樂的結合，是頗有興趣與信心的。……歌的生命
不應該僅止於五線譜上或演奏會中，它應該傳誦於街頭巷尾，活在
廣大青年的唇間。〔註68〕

所以，《白玉苦瓜》裏與民歌有關的作品將近十首，如：〈小時候〉、〈江湖上〉、
〈民歌手〉、〈鄉愁四韻〉、〈民歌〉、〈海棠紋身〉等等。其中〈鄉愁四韻〉是音
樂家戴洪軒囑託余光中作的。其他幾首也先後被譜成了民歌傳誦，這時期的
余光中，嘗試著將現代詩與音樂結合，使現代詩更接近民眾，有利於現代詩
的傳播。

第二節　香港時期——壯年期：1974～1985 年

詩人的功力一旦練就，只要找到新的題材，丹爐裡就不愁煉不出真
的丹來。如果功力不足，那就任你在怎麼修改，也只是枝節皮毛而
難求脫胎換骨。〔註69〕

擺脫各種主義的糾纏，詩藝已然成熟的余光中，從此眼光所關注的是新題
材的探索：

一位詩人的才氣並不限於駕馭文字、處理意象或安排節奏，因為在
詩中引進一個新的題材，也是一種獨創，需要相當才識的。〔註70〕

只要找到新的題材，他的丹爐立刻就煉出一首首的好詩來。遷居香港，正好為
他提供新的題材、新的視野。

香港時期的余光中，「時時北望而東顧」。其地理位置，北與中國大陸相連，
「和大陸的母體似相連又似隔絕」；東臨臺灣，「和臺灣似遠阻又似鄰近」。這
樣的位置與距離，不管是寫臺灣或是寫大陸，他都感覺恰到好處：

香港在大陸與臺灣之間的位置似乎恰到好處——以前在美國寫臺
灣，似乎太遠了，但在香港寫就正好。〔註71〕

〔註68〕余光中，《白玉苦瓜·後記》，頁170～172。
〔註69〕余光中，〈詩藝老更醇〉《藕神》。（臺北：九歌出版社，2008），頁12。
〔註70〕余光中，〈從天真到自覺——我們需要什麼樣的詩？〉《青青邊愁》。（臺北：純
文學出版社，1985），頁126。
〔註71〕參見余光中，《與永恆拔河·後記》。（臺北：洪範書店，1979），頁199～120。

香港時期的余光中，寫了《與永恒拔河》（1974～1979）、《隔水觀音》（1979～1981）和《紫荆賦》（1982～1985）三本詩集。其中詠寫臺灣的詩不少，而懷念臺灣的主題則逐年遞減。余光中在〈十載歸來賦紫荆——自序〉解釋這情形是：

> 十一年來，定居在香港，而不時回臺北休假。開始只是每年暑假回來一次，後來頻率上升，或為評審，或為頒獎，或為演講，或為開會，竟而每年多達六、七次，「臺灣相思」也就不那麼濃了。

香港時期余光中的臺灣詩，除懷臺之作外，許是在中文系任教，這時的余光中，尤重歷史、文化的探索。這種憑藉歷史的想像，大抵仍以儒家的擔當為基調，間或夾以道家的曠達加以變調。將歷史文化中的古人古事，放在今日的現實，親臨其境般地深入探究。或揣摩其心理反應，或想像其戲劇場面；一古一今地對比，或古今相互印證，總之，是利用聯想、影射、對比等方法，把古今立體化起來。余光中解釋這手法：

> 與其說是一種技巧，不如說是一種心境。一種情不自禁的文化孺慕，一種歷史歸屬感。這種歸屬感，包括〈夜遊龍山寺〉、〈隔水觀音〉、〈廈門街的巷子〉、〈寄給畫家〉等詩中對海島的眷念，固已久成我的基本心境。〔註72〕

這仍是三度空間的思維——具體呈現歷史感、地域性以及現實感，只不過歷史感的比例稍重些：

> 近十年來，我個人寫詩的方向，於民族、社會、現實三者，比較強調民族感與現實感。早在六十年代中期，這傾向在我作品裏，已經有明確的流露。相信終我之身，這方向是歷久不移的。〔註73〕

民族感與現實感仍是現代中國意識，余光中再次強調終其一生，「這方向是歷久不移的」。民族感是歷史的，社會感是地域性的，這縱橫兩線相交在現實上，就是余光中所要表現的。今後這三個主體，容或有比例有的多有的少之差異，卻始終沒有離開他的創作範圍。

在詩藝方面，此時的余光中，不刻意鍛詞鍊句以求文字張力，而是任其自然；務使字句在緊與鬆之間，取得平衡，達到「富而不炫」的境界：

〔註72〕余光中，《隔水觀音‧後記》。（臺北：洪範書店，2008 二版），頁 175。
〔註73〕余光中，〈從天真到自覺——我們需要什麼樣的詩？〉《青青邊愁》。（臺北：純文學出版社，1985），頁 125。

真正的樸素不是貧窮，而是不炫富、不擺闊。今日我在語言上嚮往
的境界，正是富而不炫。〔註74〕

繁華落盡見真淳，足見他已充分體悟，蘇軾評陶詩所說的「質而實綺，癯而實
腴」那種「練鎔裁而曉繁略」的文字最高境界了。

在詩的節奏上，多以一種從頭到尾連綿不斷，一氣呵成的詩體為「基調」，
自云是中國古風與西方無韻體（blank verse）的合璧，使二者相融為一體。余
光中認為此詩體，能如滾雪球般迴轉不休，使詩氣勢磅礡、穩重厚實，但也考
驗著詩人的布局與魄力。除此詩體外，也有早期的分段體，或經營短句夾雜其
間。〔註75〕

《紫荊賦》一集，出現頗多的組詩，也就是將同一題材卻從不同的面向，
逐一觀審、探討，如〈小木屐〉、〈踢踢踏〉、〈舊木屐〉等三首〈木屐懷古組曲〉
以及〈堤上行〉、〈漂水花〉等贈羅門小詩兩首。顯示余光中對主題，又另覓出
一條途徑了，這樣的組詩在余光中的高雄時期，也出現不少。

第三節　高雄時期──老年期：1985～2017 年

黃維樑將五十至八十歲稱為「華年」：

華就是「花」，頭髮已花白或開始花白，是蘇軾所說「多情應笑我，
早生華髮」之「華」。華也是華美、華好之意，是李商隱所說「一絃
一柱思華年」之「華」。……當代詩人瘂弦有人生三霞工程說：朝霞、
彩霞、晚霞，霞霞美麗。在華年階段，霞彩仍然璀璨華美。華年就
是華美、華麗、雅麗、典麗的年代，是 belle epoque。〔註76〕

此時事業穩定，或退休享受閒逸的樂趣，即使到八十幾歲，依然美、善兼備，
為人所敬重，繼續貢獻社會，此後的余光中雖已入老年，確實仍堪以「華年」
稱之。

余光中在 1985 年 9 月，回高雄定居，隨著這種地理與心情的「換位」，南
臺灣嶄新的臺灣經驗，一一納入其詩中：

自從去年九月定居西子灣以來，自覺新的題材不斷向我挑戰，要測
驗我路遠的馬力。我相信，在西子灣住上三、五年後，南臺灣的風

〔註74〕余光中，《隔水觀音・後記》。（臺北：洪範書店，2008 二版），頁 176～177。
〔註75〕余光中，《隔水觀音・後記》，頁 177。
〔註76〕黃維樑，《迎接華年・自序二》。（香港：文思出版社，2011），頁 6。

　　　　土與景物當可一一入我的詩來。〔註77〕

新的題材、新的探索,「高雄的余光中」從此「就位」,余光中臺灣詩的地域性
與社會現實感的比例,隨之加重。蕭蕭說這時期的余光中:

　　中國的「夢」,是千疊遠浪盡處若有若無的地平線;臺灣的「地理」,
　　已然是一匹側踞的海獸逐漸在詩中成形,在心中壯大。……高雄,
　　曾經是余登發的高雄,有可能成為余光中的高雄。余光中曾經是廈
　　門街的余光中,有可能成為高雄的余光中。〔註78〕

南臺灣的風土文物,從此成為他筆下的「大宗」。大量的遊賞記聞,將南臺灣
的自然景物與人文風貌,一一展現在他的詩中,臺灣經驗這時成為余詩的重要
主題:

　　他的筆可以干涉政治氣象,也可以批評現實環境,更可以歌頌鄉土
　　生活。他的心靈與臺灣社會脈動起落有致地相互呼應,如果說他的
　　詩寫得很「臺」,亦不為過。〔註79〕

　　這時期余光中的臺灣情,出現從前少有的「逆轉變調」,如書寫臺灣政治
的醜陋、社會的失序以及環境生態的污染等等。這些對臺灣的批評,余光中自
名為「反臺北」心情,〔註80〕從剛回高雄的〈控訴一枝煙囱〉開始,這心情逐
漸加深、擴大:

　　我近幾年來,也常對朋友說:「拒絕臺北,是清醒的起點。」所以十
　　年前選定來高雄「就位」是對的。此地離臺北夠近,能感到痛癢;
　　卻又夠遠,能保持清明。痛癢,乃有題材;清明,乃有詩。〔註81〕

這種被社會之失序所刺痛而激發的詩篇,佔這時期余詩極高的比例,可說是余
光中高雄時期的特徵。

　　自我探索的主題,詩人喻之為終身的羅曼史,所以不時地在詩人各時期的
作品中出現。高雄的余光中面對逐漸侵入的老境、拒絕繳械的鬥志以及參悟生
死的體驗,也都一一在其筆下浮現:

〔註77〕余光中,〈十載歸來賦紫荊——自序〉《紫荊賦》。(臺北:洪範書店,1986 年
　　　　初版,2008 二版),頁 4。
〔註78〕蕭蕭,〈余光中臺灣結〉,收錄在黃維樑編,《璀璨的五采筆》。(臺北:九歌
　　　　出版社,1994),頁 182。
〔註79〕陳芳明,〈詩藝追求,止於至善〉《印刻文學生活誌》第肆卷第玖期。(臺北縣:
　　　　印刻文學生活雜誌社有限公司,2008 年 5 月),頁 98。
〔註80〕余光中,《安石榴·後記》。(臺北:洪範書店,1996 年初版),頁 189〜190。
〔註81〕余光中,《安石榴·後記》,頁 190。

〈五行無阻〉一詩也屬於這種自勵自許的肯定之作，不過語氣堅強，
信心飽滿，一往直前，有如誓師。如果〈後半夜〉〔按：收《安石榴》
中〕對生命是苦笑的承受，而〈白玉苦瓜〉對永恆是破涕的敬禮，
則〈五行無阻〉應是對死亡豪笑的宣戰。〔註82〕

寫這類題材的詩，余光中頗有自我定位的意味；也是余光中多角度、多面向的
自畫像，有似古人的自述詩。詩真的是他的辟邪茱萸、消災菊酒。

　　至於詠寫他人，如寫父祭、夫妻、兒孫等人倫之親情詩、題詠古今事物之
詠人詠物詩以及調侃意味十足的諧謔詩，顯見詩人在拓寬關懷的廣度，提昇文
化的格局。其努力開拓題材之用心，終其一生都不會停止。歷史感、地域性、
現實感，仍是余光中創作的三度空間思維，只不過有了更深、更廣的挖掘與開
拓。

〔註82〕余光中，《五行無阻·後記》。（臺北：九歌出版社，1998年初版），頁179。

第三章　余光中臺灣詩中的「雙城記」

　　從 1950 年到 2017 年，除掉在美國的五年與在香港的十年外，余光中住在臺灣的時間長達五十二年——整整半個世紀。這位「外省」籍詩人，在近半世紀的歲月中，因其政治立場與外省籍身分，常遭「護臺」心切人士，質疑其「愛」臺灣的真實性。

　　這是個有趣的問題。「愛」是感情的事，這種感情用「說」去表達，不容易說得清楚、講個明白，很可能被安上口是心非的罪名。一般人認為要證明「愛」這種情感，最好的方式就是真誠的行為，可惜的是，真誠的行為未必人人都看得到。撇開鬻聲釣世的「為文造情」之文，紀錄作者心靈的作品不失為瞭解作者心意的方法，余光中說詩就是他的日記，「詩，應該是靈魂最真切的日記。有詩為證的生命，是值得記念的。」〔註1〕他以詩寫日記，詩就是他「靈魂最真切的日記」，是他心靈的記錄。

　　本章就從余光中的詩探索他對臺灣的感情。第一節先總述余光中對臺灣的情感轉變，二、三節再從余光中，寫他在臺灣居住最久的兩處——臺北的廈門街與高雄的西子灣，去看他是否真誠地珍「愛」臺灣、疼惜臺灣，把臺灣當成了「家」，如何有「臺灣人」的自覺。這其間的心靈轉折，應是令人好奇的焦點。

第一節　余光中的臺灣情

　　余光中說到臺灣時，常有母親在場。他十歲初識臺灣，就是從母親的口中聽到的：

〔註1〕余光中，《敲打樂·新版自序》。（臺北：九歌出版社，1986），頁 16。

> 小時候，在多風的甲板上
> 母親指著東方對我說
> 風浪的那一頭就是臺灣
> 太陽，而不是太陽旗，每天
> 就從美麗的島上升起
> 那時我才十歲，抗戰的孩子
> 太陽旗陰影下的一個小難民
> （〈母與子〉《五行無阻》）

這個當時的小難民在 1950 年 5 月 23 日來到臺灣，從此余光中懷思中國的鄉愁詩就不曾間斷過：

> 小時候，在大陸，在母親的懷裡
> 暖烘烘的棉衣，更暖，更暖的母體
> ……
> 母親，她死了已不止十年
> 以色列人已回去以色列
> 現在是我在外面的雪地上
> 就我一人，在另一個大陸上
> 零亂的腳印走不出方向
> 仰天，仰天
> 欲發狼嚎的一匹狂犬
> 小時候，在大陸……
> （〈小時候〉《白玉苦瓜》）

這首詩情緒激昂地寫出有家歸不得的鬱結，是 1970 年 2 月，詩人在美國丹佛市所抒發的愁緒。可見從 1950 年遷臺，二十年來，他仍感覺在飄泊、流浪，仍未有歸宿感。1972 年，他仍說著：

> 而現在
> 鄉愁是一灣淺淺的海峽
> 我在這頭
> 大陸在那頭
> （〈鄉愁〉《白玉苦瓜》）

即使這時，他心之所繫的「家」仍是中國大陸，而不是他已居住二十多年的

臺灣。

可是 1958 年，余光中初次離開臺灣，到美國進修時，詩中開始出現「懷念」臺灣之情：

〔民國〕四十七年的晚秋，作者去美國愛奧華州立大學研究英美詩與現代藝術，為期一年。……收集在此的三十三首作品亦皆作者在那片「美麗的土地」上，懷念一「美麗的島嶼」的一點紀念。〔註 2〕

在詩人的心中，臺灣這座美麗島嶼是「祖國」的一部分，所以他把思念臺灣也稱為「懷鄉」：

據說懷鄉是一種絕症，無藥可解，除了還鄉。在異國，我的懷鄉症進入第三期的嚴重狀態。有些美國同學簡直不知道臺灣在何處，英文報上更難讀到祖國的消息，我開始體會到吹簫吳市，揮淚秦廷的滋味。〔註 3〕

不管如何，因為幾次離臺的「小別」而產生的懷思之情，詩人與臺灣的距離逐次縮短。1973 年 6 月 2 日詩人應香港詩風社之邀赴港演說，起先在飛往香港的飛機上，詩人寫道：

一聲長嘯震愕了所有的屋頂
大快吾意的囂鬧中
一反手就脫下這都市像脫下
溼貼貼的一身舊雨衣
……
舉起一杯鮮橙汁
把新釀的陽光注進體內
把所謂現實
把滿地黑蕈的雨傘
把傘下青苔的靈魂
都交給雲，水氣滃鬱的灰雲
去慢慢地戲弄吧
飛，原是一種豪健的告別式
(〈起飛〉《白玉苦瓜》)

〔註 2〕余光中著，《萬聖節・序》。(臺北：藍星詩社，1960 初版)，頁 1。
〔註 3〕余光中著，《萬聖節・序》，頁 1～2。

俯瞰臺北那些像黑蕈菇的雨傘、外覆青苔的靈魂，想像他們受「水氣滃鬱的灰雲」戲弄的模樣，旁襯屋頂的「震愕」、飛機「大快吾意的囂鬧」，飛機一個升空翻轉，像反手一翻，就甩開陰鬱、脫掉霉氣的那種痛快，暢快淋漓。詩人鮮活地寫出那種「豪健的告別式」，大有臺北令詩人「避之而後快」的厭惡感。可是兩天後，他自香港回臺，卻說道：

不著邊際的雲遊算不算自由
外面，上面，冰冰這世界？
……
「各位旅客，臺北就要到了
……」　　瀅瀅的流光中
燈火兩三，閃著誰的家？
燈火六七，閃著誰的城？
……
忽然，翅膀一斜
蹈火的姿態自焚的決心
（火啊火啊我回來了）
奮疾向下撲去
（〈降落〉《白玉苦瓜》）

兩天前奮力甩脫的豪情，與此刻「奮疾向下撲去」的孤注一擲，兩相對照，力道不相上下。此詩透露臺北對詩人已有「家城」的吸引力，才能吸引詩人縱「蹈火」「自焚」，亦在所不惜。臺北是「家」，在詩人心中似乎已悄然成形。

同年的 11 月 6 日，詩人清楚地確定這分感情。他回溯對母體中國的執著，仍是充滿著深深的孺慕之情：

一直，以為自己永歸那魁偉的大陸
從簇簇的雪頂到青青的平原
每一寸都是慈愛的母體
永不斷奶是長江，黃河
千鋤萬鋤鋤開的春天
搖一隻無始無終的搖籃
我的祖先，和祖先的祖先
全在那裏面搖睡，搖醒

　　她是劉邦，也是項羽的母親
　　一直，以為自己只屬於那一望大陸
　　（〈斷奶〉《白玉苦瓜》）

以鋤頭「鋤開」為「春到」的形象，用在自古就以農立國的中國真是再貼切不過了。他認定長江、黃河是孕育其奶水之所出，不管這是不是戀母情結，它絕對是不易的事實，沒有人能更改自己的出生地。因此他的家鄉之思與孺慕之情，深深地根植在心底，拔之不去：

　　家，真的是一座圍城。裏面的人想出來，外面的人想進去？還是少
　　年想出來，中年想回去？究竟是什麼在召喚中年人呢？小小孩的記
　　憶，三十年前，后土之寬厚與博大，長江之滾滾千里而長，巨者如
　　是，固長在胸臆。細者如井邊的一聲蟋蟀，階下的一葉紅楓，於今
　　憶及，亦莫不歷歷皆在心頭。不過中年人的鄉思與孺慕，不僅是空
　　間的，也是時間的；不僅是那塊大大陸的母體，也是，甚且更是，
　　那上面發生過的一切。土地的意義，因歷史而更形豐富。湖北只是
　　一省，而楚，便是一部歷史，一個夢，一首歌了。整塊大大陸，是
　　一座露天的巨博物館，一座人去臺空的戲臺。角色雖已散盡，餘音
　　嫋嫋，氣氛仍然令今人低迴。〔註4〕

但是時移境易，真實的情境已成為記憶，壯麗的山河竟縮為一張地圖，只能做查詢用：

　　為了一張依稀的地圖
　　淚溼未乾的一張破圖
　　竟忘了感謝腳下這泥土
　　衣我，食我，屋我到壯年
　　海外這座永碧的仙山
　　……
　　一直，以為這只是一舢渡船
　　直到有一天我開始憂慮
　　甚至這小小的蓬萊也失去
　　才發現我同樣歸屬這島嶼
　　斷奶的母親依舊是母親

〔註4〕余光中，《白玉苦瓜‧自序》。（臺北：大地出版社，1974），頁2。

> 斷奶的孩子，我慶幸
>
> 斷了媒祖，還有媽祖
>
> （〈斷奶〉《白玉苦瓜》）

本是寓斯履斯的故土，如今已褪成一張「依稀」的破地圖。他成了「斷奶的孩子」，雖然「斷奶的母親依舊是母親」，雖則「中國」是母親的地位無可取代，但是沒有了「媒祖，還有媽祖」；故鄉沒了，他還有家，還有媽祖庇佑。他在臺灣成家，臺灣是他的「妻子」。這裡明確地表達自己對臺灣的歸宿感——「家」的歸宿感。他成功地「斷奶」，認同臺灣是他的家。即使往後十年，詩人移居香港，無損臺灣「家」的地位。當瘂弦：

> 那喉音說：「你究竟幾時才回家？」
>
> 回家？我已在海外飄泊得太久
>
> 家在那雨城，城在五十年代
>
> 的詩裏……
>
> （〈那鼻音——接瘂弦長途電話〉《與永恆拔河》）

於是他頻繁地往來於臺港兩地，自喻是「一年一歸的候鳥」。〔註5〕1980 年秋始，詩人有長達一年的休假，在回國的第一首詩中他寫道：

> 又一輪中秋月快圓的季節
>
> ……
>
> 小雜貨店的瘦婦人迎我
>
> 以鄰居親切的舊笑容
>
> 「幾時從外國回來的？」
>
> 不知道這六年我那棟蜃樓
>
> 排窗開向海風和北斗
>
> 在一個半島上，在故鄉後門口
>
> 該算是故鄉呢，還是外國？
>
> 「回來多久了？」菜市場裏
>
> 發胖的老闆娘秤著白菜
>
> 問提籃的妻，跟班的我
>
> 這一切，不就是所謂的家嗎？
>
> ……

〔註 5〕余光中〈長青樹〉中詩句，此詩收在《紫荊賦》。

在熟金的秋陽裏半醒半寐

讓我從從容容地走在巷內

像蟲歸草間，魚潛水底

即使此刻讓我回江南

秋風拍打的千面紅旗下

究竟有幾個劫後的老人

還靠在運河的小石橋上

等我回家

回陌生的家去吃晚飯呢？

（〈廈門街的巷子〉《隔水觀音》）

這裡，詩人取中秋月圓、家人團圓吃飯為「家」的意象，拿江南的家和臺灣的家做對比，寫出他已認同臺灣是自己家的這個事實：江南，「千面紅旗」拍打下的故鄉，究竟有幾個倖存的老人，在「家」等吃晚飯？詩人特別用反問句，顯現江南的家是否仍存在，已是難曉了。山河已經變色，故人大半凋零。人不在，故鄉也變了樣，那個「家」確實變得陌生了。

　　而臺北市廈門街 113 巷的闊葉樹蔭中，卻有一條隱秘的時光隧道，讓詩人「從從容容地」走過。詩人在這裡特別用「從從容容地走」，形容自己走在「家」巷的感覺。他形容那感覺就像「蟲歸草間，魚潛水底」，那麼自然，那麼自在，沒有一丁點兒勉強，那是種回到屬於自己「空間」的感覺。

　　更有芳鄰——雜貨店瘦老闆娘——的「幾時從外國回來的？」或是菜市場胖老闆娘的「回來多久了？」的親切詢問。〔註6〕這種側寫鄰居及市場菜販，對他回臺就是回「國」、回「家」的反應，至為重要。因為有本地人的認同，才有歸屬感，從而體認「這一切，不就是所謂的家嗎？」臺灣是自己的「家」，這時才是打從心底的認同了。那是種被接納的歸屬感，比海關的蓋章認定更具效力。是，這就是家的感覺。這種朋友雖不經心，卻又是「積極」有效的認定，比自己親身認定都有效。無怪乎他無端地埋怨起香江的紫荊來：

多事的港城把相思樹

無端端叫做了臺灣相思

那樣撩人的名字，撩起

〔註6〕可參見余光中〈思臺北，念臺北〉一文，收在《青青邊愁》。

那島上牽藤糾葛的心事〔註7〕

可見他雖身在香港，卻是時時思念臺灣。臺灣是他的「南海觀音」，〔註8〕從臺
灣這蓬萊仙島去香港，詩人自喻為「謫仙」：

七級大海風之上這巨鵬載我

謫仙一般地冷然向南

……

——出海峽，別了，永恆之島

但今夜的遠夢依依

正如有一天，身後的魂魄

將回來繞你飛旋，大風又大浪

像水平線上

什麼也攔不住的一隻

超級海鷗

（〈飛過海峽〉《紫荊賦》）

臺灣確實已是他魂夢所牽、懷思難捨的「家」了。詩人暗許身後的魂魄將化為
海鷗，繞著臺灣往復飛旋。只不過海峽兩岸的政治爭端，波濤洶湧，使詩人處
在大陸「母親」與臺灣「妻子」之爭吵中，左右為難：

潮水呼嘯著，搗打著兩岸

一道海峽，打南岸和北岸

正如此刻我心血來潮

奔向母愛的大陸和童貞的島

這渺渺的心情，鼓浪又翻濤

至少有一隻海鷗該知道

這一生，就被美麗的海峽

這無情的一把水藍刀

永遠切成兩半了嗎？

（〈心血來潮〉《紫荊賦》）

〔註7〕余光中著，《紫荊賦》。（臺北：洪範出版社，2008），頁148。
〔註8〕見余光中《隔水觀音·後記》：「書以「隔水觀音」為名，寓有對海島的懷念。
「觀音」不但指臺北風景焦點的觀音山，也指整個海島，隱含南海觀音之意，
所以「隔水」也不但隔淡水河，更隔南海的煙波。」（臺北：洪範書店，2008），
頁174。

臺灣海峽這把「水藍刀」切斷「母親」與「妻子」，讓詩人「徘徊在潮去潮來的海峽」，〔註9〕這麼辛苦的靈魂，死後縱化為鷗鳥，恐也是徬徨無定的：

> 千古的海水啊拍不醒的頑石
>
> 要拍到幾時才肯點頭呢？
>
> 看海鷗迴翔的姿態
>
> 是誰，不肯放棄的靈魂？
>
> 我死後，哪一隻又是我
>
> 是我辛苦的靈魂所依附？
>
> （〈心血來潮〉《紫荊賦》）

政治與歷史的糾結，盤根錯節；海峽的風雲，波譎雲詭。這麼難解的議題，又豈是詩人所能置喙與排解的呢？

1985 年，余光中應聘中山大學任文學院院長兼外文所所長。天涯浪子終於成為「歸人」，回「家」了。詩人選在他鍾愛的南方居住，然而這百縷糾結的憂思愁腸，在新、舊的纏結中，依然千迴百轉地纏繞在體內，海峽不安的風聲，總令詩人徹夜難眠，〔註10〕藥石罔效：

> 你說吧，大夫，該怎麼了斷？
>
> 用凜冽的海峽做手術刀
>
> 一揮兩段嗎？……
>
> ……
>
> ……，你就一寸寸
>
> 探回患處，輕輕地，為我解吧
>
> 正是，噢，最敏感的一段了，請你
>
> 輕輕地提起，輕輕地放，為了
>
> 這一頭是島的海岸線
>
> 曲折而纏綿，靠近心臟
>
> 那一頭是對岸的青山
>
> 臍帶隱隱，靠近童年
>
> （〈中國結〉《夢與地理》）

故鄉是肚臍點，臺灣在近心臟處，愁腸沿著臺灣海岸線，一路綿延至對岸。海

〔註 9〕見余光中，〈心血來潮〉一詩中之句。
〔註10〕參見余光中詩〈非安眠曲〉（收在《五行無阻》）。

峽這把無情的藍刀，切不斷從前風浪過海峽的事，也切不斷「和母親一起東望的童年」。大夫的醫術再高明，恐怕也治不了這沉痾之疾。

第二節　余光中在臺北廈門街

　　剛到臺灣的余光中，起先住在臺北市同安街，每天騎著腳踏車沿羅斯福路，到臺灣大學外文系上課：

> 騎的是一輛英國進口簇新而亮麗的赫九力士（Hercules），……騎到
> 順風之時，卻幻覺是哪吒在驅策風火雙輪。就這麼，我似乎把校園
> 裡的自行車，包括東洋老土的鐵牛，通通比了下去。可恨我的虛榮
> 才得意了一個星期，那輛赫九力士忽然失竊。這一打擊真是不小，
> 每天改擠公車上學，我發誓要存足稿費，再買一輛。〔註11〕

在同安街住了兩年半後，就搬進廈門街113巷8號的房子，這一住就是二十多年。戀愛、結婚、為人夫、為人父、成立詩社、成為教授，都在這「一巷蟬聲，半窗樹影」〔註12〕的廈門街完成。它雖是已有歲齡的舊屋，狂風會使它的「關節在隱隱作痛」，暴風雨會使屋裡「所有的罅隙都吹起警笛」。〔註13〕但他感謝小屋為他撐住「滿天的烏雲」：

> 我就在這座小小的屋裡，
> 沉思，做夢，看書和回憶；
> 自然我還要默默地寫詩。
> 我被困在這座小小的圍城
> 而我的詩篇好像小鳥，
> 一隻，一隻，衝出了雲陣。
> （〈我的小屋〉《天國的夜市》）

他在屋中安於寫詩的寂寞，安於不為人知的寂寞。小屋是他的蚌殼，自己的作品是珍珠，這顆珍珠不追逐潮流，因為他知道「潮水要退的」。他安於在蚌殼內孕育珍珠的光澤，一如他在小屋孕育詩作的光彩一樣。

　　此詩寫於1954年3月17日，是余光中最早的格律詩時期作品，作品當

〔註11〕余光中，〈傅鐘悠悠長在耳〉《印刻文學生活誌》第肆卷第玖期。（臺北縣：印
　　　　刻文學生活雜誌社有限公司，2008年5月），頁39。
〔註12〕余光中〈抱孫〉（收在《五行無阻》）詩中句。
〔註13〕見余光中〈颱風夜〉（收在《五陵少年》）詩中句。

然不夠高明。詩句散文化，幾個譬喻也用得不很恰當：如第二節譬喻小屋如圍城，其詩如小鳥——破雲而出，那麼圍城中的「我」就是指詩人自己。可是第三節，作者譬喻小屋如蚌殼，詩人自己則是其中的「一粒珍珠」。詩末又說「把我賣給愛嬌的貴婦」，可見這個詩中說話人的「我」應該是詩人，作品才是珍珠，詩人怎麼能「賣」？因為既已承認小屋「是我的蚌殼」，則「我」應是蚌本身才合理，怎能說自己是蚌的產物——珍珠呢？珍珠是蚌的產物，是無生物，怎麼能「聽見海潮在外面流過」、「知道潮水不久會消退」呢？能「聽」、能「知」的，也應是蚌才是。

　　三十年後（1980 年 9 月 14 日），余光中從香港回國，寫了〈廈門街的巷子〉（見前），是此次回國的第一首詩（收錄在《隔水觀音》，如頁 54～55 所引），寫詩的技巧已非三十年前可比了。

一、一巷蟬聲，半窗樹影的巷弄

（一）半窗樹影

　　臺北市古亭區廈門街 113 巷，是一條寧靜、窄長而「歪歪」的小巷。〔註 14〕說它寧靜，其實頗不寧靜：

> 空巷裏木屐的回聲
> 按摩女的短笛
> 腳踏車的輕鈴
> 聽下午的一場大雷雨過後
> 在洗刷得乾乾淨淨
> 還沒有蔓生天線的星空下
> 叫得多放肆的，啊，野蛙
> （〈舊木屐——木屐懷古組曲之三〉《紫荊賦》）

這麼有著蟬噪逾靜、鳥鳴山幽之寧靜長巷，在月光中，潔淨得像根麥管：

> 廈門街的小巷纖細而長
> 用這樣乾淨的麥管吸月光
> 涼涼的月光，有點薄荷味的
> 月光。……
> （〈月光曲——杜布西的鋼琴曲 Clair de Lune〉《蓮的聯想》）

〔註 14〕「歪歪」，刻意凸顯舊時街弄小巷的彎斜。

月亮是天體中最冷靜，因而也是最純潔的，小巷就在這最純淨的光體中，像根有點薄荷味的吸管，靜靜地吸著月光。這就是詩人到臺灣後落腳的地方，詩人的家就在巷底。梅雨時節，詩人撐著傘從他任教的師範大學回家：

> 和平東路剛剛才下午
>
> 廈門街側側斜斜的巷子
>
> 怎麼已經探進了薄暮？
>
> 而一到了夜裏，鄰里寂寂
>
> 凡有樓的都上了樓去
>
> 凡有燈的都守在燈旁
>
> 凡有窗的都放下了窗紗
>
> （〈穀雨書〉《隔水觀音》）

這寂寂的雨樓窗燈景象，是雨夜的廈門街 113 巷。設若是九月的豔陽天，則又是另一番景象──一排的闊葉樹，遮住「半窗樹影」：

> 在巷底那一排闊葉樹蔭裏
>
> 這是全世界最隱密的地方
>
> 從從容容地讓我走過
>
> （〈廈門街的巷子〉《隔水觀音》）

「全世界最隱密」，顯非客觀事實。雖是誇大，但對作者而言，卻是真實的感受。詩人刻意把「從容」疊成「從從容容」，音節加長了，感覺就更輕輕鬆鬆、從從容容了起來。他在這裡成長，也在這裡成熟。廈門街 113 巷是詩人寂靜的「時光隧道」，〔註15〕順著從巷口走到巷底的感覺，詩人寫到自己的成長經驗──用魔幻寫實的手法，〔註16〕帶領讀者走入他的「時光隧道」：

> 有迴聲如遠潮的時光隧道
>
> 卻驚見少年的自己竟從巷底
>
> 迎面走過來，一頭黑髮

〔註15〕見余光中〈舊木屐──木屐懷古組曲之三〉（收在《紫荊賦》）。

〔註16〕魔幻寫實手法是一種混合或並列現實與想像的技巧，此技法在表現上，有時會將時間奇詭地轉換，有時會把夢境、神話、童話混雜地的結合在一起，甚至也會涉及一些神秘、晦澀、難以理解的超現實描述，很多作家以此手法創造驚人的文學效果。著名的魔幻寫實作家有：Gabriél García Márquez, E. T. A. Hoffmann, Fournier Kafka, Prosper Mériméé, Ronald Firbank, Edward Upward 等等。參見 Cuddon. *J. A. Dictionary of Literary Terms & Literary Theory.*（England：London Books, 1999）pp.487～488。

　　滿眼閃著對巷外的憧憬

　　（〈廈門街的巷子〉《隔水觀音》）

這明明是腦中的視覺圖像，卻說彷彿是「遠潮」的「迴聲」，這又是余光中擅用通感的一例。詩人抓住兩個特點描繪少年的自己——「一頭黑髮」及「滿眼閃著對巷外的憧憬」之眼神——黑髮是「外」貌特徵，眼神則是「內」心的表徵。那種「猛志逸四海」，一心想往外飛，充滿對外面世界的憧憬與嚮往，都在眼神表露無遺。青少年的自己是如此模樣，而今的自己又是如何呢？

　　到巷腰我們相遇，且對視

　　感到彼此又熟又陌生

　　「外面的世界怎麼樣？」他問

　　表情熱切，有一點可笑

　　「到時候你就知道，」我笑笑

　　「有些事不如，有些事

　　比你想像的還要可怕」

　　（〈廈門街的巷子〉《隔水觀音》）

詩人藉著今昔的自己，讓自己與自己對話，總繳自己成長的經驗。「不如」的下面，省略了「這裡、你所想的」。因為年輕一無所知且「熱切」的天真，詩人故意奚落自己「有一點可笑」。這個笑的背後，是參透世理、看穿人情的沖淡心境，是一種「白首相知猶按劍，朱門先達笑彈冠」的洞明與練達。

　　年少的自己想出去，現今的自己卻想進來，因為這巷內的家寧靜而安全，非外面世界可比：

　　當外面的世界全翻了身

　　當越南亡了，巴拉維死了

　　唐山毀了，中國瘦了

　　胖胖的暴君在水晶棺裏

　　有四個黑囚蹲在新牛棚裏

　　只留下這九月靜靜的巷子

　　在熟金的秋陽裏半醒半寐

　　（〈廈門街的巷子〉《隔水觀音》）

詩人拿巷外紛爭的世界，如越南淪陷、外蒙古獨立、唐山大地震、毛澤東逝世、四人幫垮臺等等事件為例，說明外在世界的紛擾，和巷內寧靜的家做對比——

巷外無有寧日的紛紛擾擾，對比廈門街「九月靜靜的巷子」——家在「在熟金的秋陽裏半醒半寐」，有一點閒閒的疏曠慵懶，卻是多陽而溫暖的。「熟金的秋陽」既象徵秋收的成熟，也象徵可貴的成熟人生智慧。這是巷子極普通的一天，但是其珍貴又豈僅是黃「金」可比。詩人成熟的詩藝，也在此展現無遺。

（二）一巷蟬聲

余光中廈門街的家巷，除了樹，還有蟬聲。詩人寫到第一個女兒出世的那年夏天，「珊珊臥在白紗帳裏，任我把搖籃搖來搖去，烏眸灼灼仍對我仰視，窗外一巷的蟬嘶。」〔註17〕這長夏嘶嘶的蟬鳴，在 1981 年詩人回港的前夕，一變而為淒楚的離歌。

嘶嘶淒厲的蟬聲，在詩人即將離臺的耳朵聽來，有如離歌。因此詩人以歌體的形式，對蟬傾訴其難捨的離臺之情。〈聽蟬〉寫於 1981 年 6 月 30 日。余光中休假，返臺居住一年，在離臺前夕寫了此詩（收錄在《隔水觀音》）。他明知故問：

> 知了知了你知不知
> 在我午夢的邊邊上
> 是誰，一來又一往
> 拉他熱鬧的金鋸子
> 鋸齒鋸齒又鋸齒
> 在我院子的邊邊上
>
> 知了知了你知不知
> 島上的夏天有多長
> 多長是夏天的故事
> 鋸齒鋸齒又鋸齒
> 拉你天真的金鋸子
> 試試夏天有多長
>
> 知了知了你知不知
> 島上的巷子有多深
> 多深是巷子的故事
> 拉你稚氣的金鋸子

〔註17〕余光中，〈日不落家〉《日不落家》。（臺北：九歌出版社，1998），頁 217。

　　鋸齒鋸齒又鋸齒

　　試試巷子有多深

時間是午睡時分，地點是自家庭院，蟬嘶髣髴是在說著長夏與深巷的故事。蟬聲是「鋸齒鋸齒又鋸齒」地拉著「熱鬧的」、「天真的」、「稚氣的」「金鋸子」。但不管夏天與巷子的故事有多長、多深，甚至是永恆——在記憶裡這一年夏天的故事是永遠不忘的——只要夏天一過，自己就得離家回港：

　　知了知了你知不知

　　去年夏天是那一隻

　　歡迎我回到古亭區

　　鋸齒鋸齒又鋸齒

　　拉他興奮的金鋸子

　　迎接我回到古亭區

　　知了知了你知不知

　　同樣是刺刺又嘶嘶

　　去年聽來是迎接

　　拉你依依的金鋸子

　　鋸齒鋸齒又鋸齒

　　今年聽來是惜別

這把金鋸子是去年興奮迎我回來，也是今年依依別我的那隻？一樣的「刺刺又嘶嘶」，為什麼自己感受的卻有一年前的「興奮」與一年後的「依依」、「可憐」這兩樣情？

　　知了知了你知不知

　　永恆的夏天多永恆

　　夏天的後面是秋季

　　鋸齒參參又差差

　　可憐短短的金鋸子

　　只怕拉不到秋季

　　知了知了你知不知

　　秋季來時這空巷子

　　不見我也不見你

　　歇了，熱鬧的金鋸子

　　　　斷了，鋸齒與鋸齒

　　　　秋季來時這空巷子

詩人假滿回港，廈門街的長巷當然是「不見我」了；但秋天的巷樹上，依然有秋蟬在鳴嘶，何以說「不見你」？這是因為自己不在家了，聽不見今年秋天家巷的蟬鳴了。在記憶裡，「熱鬧的金鋸子」是「歇了」，「鋸齒與鋸齒」是「斷了」，當「秋季來時」，詩人對這巷子的記憶是「空」的，所以詩人稱它是「空巷子」。這雖不是客觀的事實，但若就詩人的主觀來論，它確實是「空」的。

　　此詩以蟬聲象徵離別的淒切之情，詩人形容蟬聲有兩種：其一是用狀聲詞「刺刺又嘶嘶」，這只在詩中第五節出現一次。其二是「鋸齒鋸齒又鋸齒」，將「鋸齒」疊用三次，第三次再用「又」字隔開。既將蟬聲形象化為鋸齒樣，又讓讀者如聞鋸齒鋸物的尖厲聲響，心中有如被尖銳物鋸扯的撕裂痛感，心如刀鋸割扯之感油然興起。所以「鋸齒」在詞面上是視覺，其實它引起讀者的感應卻是視覺與聽覺，詩人用字藝術的深度，在此展露無遺。此外，詩末兩節，詩人將此句分別錯綜為「鋸齒參參又差差」、「斷了，鋸齒與鋸齒」，一則說蟬聲的參差錯落，此起彼落；一則說蟬聲一個接一個地停斷掉了，前面的在音效聲響外，又加入了形容描寫，使之更有變化。

　　古人以蟬棲高枝，餐風飲露，是人品高潔的表徵，所以常以蟬聲譬喻高潔。虞世南〈蟬〉的「居高聲自遠，非是藉秋風」，蟬鳴成了詩人立身高潔，非憑藉外力受重用之表白。《唐詩別裁》說：「詠蟬者每詠其聲，此獨尊其品格。」蟬聲所喻的人品，是清高一型的，如駱賓王〈在獄詠蟬〉的「無人信高潔」。其〈詠蟬〉：「西陸蟬聲唱，南冠客思深」，借蟬抒懷，寫處境的險惡、政治的不得意、言論的被壓制，也是這層意思的衍生。李商隱〈蟬〉「本以高難飽……我亦舉家清」，由蟬之立身高潔，聯想到自己的清白；由蟬之無人同情，聯想自己也無同道相知，他們都是用蟬喻指高潔的人品。

　　柳永《雨霖鈴》以清秋淒切的寒蟬鋪陳離思，余光中則將夏日蟬聲賦以別情，這就是詩人既繼承又翻新傳統的例證。蟬聲除了詩中所說的離思別情外，未嘗不含有清高自持之意。如此，在古典高潔意涵的基礎上，再注入新的淒淒別離之情，鳴蟬在中國文學裡，其意涵就更豐厚了，這就是余光中所說的「傳統」。也可見這時的余光中，對歷史、地域與時代現實的拿捏，詩體形式的掌握，的確是更純熟了。

二、〈長青樹〉的父親

　　余光中的父親余超英，母親孫秀君，在 1950 年 5 月遷臺。1958 年 7 月 4 日，孫秀君辭世，余超英先生則在 1992 年往生。他們本非臺籍，卻因：

> 生命的晚潮退盡時，故國的港口凍了
>
> 　（〈奇蹟〉《鐘乳石》）

最後只得在臺灣落地生根，並長眠於斯。孫秀君的骨灰最初供奉在臺北圓通寺，1967 年 1 月 21 日，自圓通寺移往碧潭永春公墓，歸土安葬。〔註18〕余超英先生則長居廈門街，後移居高雄，在高雄過世。1993 年，余光中在父親的〈週年祭〉一詩中寫道：

> 就只剩這一撮了嗎？
>
> 光緒的童稚
>
> 辛亥的激情
>
> 抗戰的艱苦
>
> 怎麼都化了灰燼？
>
> 　（〈周年祭——在父親靈前〉《五行無阻》）

首丘之思，是人之夙願。然而對生命後半段數十寒暑，盡在於斯的臺灣「外省人」來說，臺灣的「親」，應不輸故鄉才是。〈長青樹〉就是寫余光中父親這樣的臺灣情。〔註19〕

　　此詩將住在廈門街的父親與岳母，取巷中的長青樹為意象。詩人很有技巧地選用，與二老同樣「古老」的方式——講古——去說他們的故事：

> 在遠方的這麼一座城裏
>
> 猶有青意的兩株老樹
>
> 交蔭著一條窄長的巷子
>
> 且低低地垂著
>
> 不勝負荷的滿樹回憶
>
> 　一株，叫父親
>
> 　一株，叫岳母

〔註18〕孫秀君，江蘇武進人，民前六年生，民國四十七年歿。余光中寫有關母親病危、辭世的詩有數首，如收在《鐘乳石》的〈奇蹟〉、〈憂鬱的短髭〉、〈招魂的短笛〉、〈月臺〉；《五陵少年》的〈登圓通寺〉；《天狼星》的〈圓通寺〉；《在冷戰的年代》的〈母親的墓〉等等。

〔註19〕此詩寫於 1982 年 5 月 9 日，收錄在《紫荊賦》。

這個很遠很遠的地方,「樓愈長是愈高,樹愈鋸是愈少」,然而對比這樓高樹少的,卻是巷中的這「兩株老樹」。他們青意盎然地「交蔭著」廈門街這條窄長的巷子,滿腦子裝著數十年的回憶,使他們「不勝負荷」地低垂著:

> 蒼柯伸在今日海峽的風裏
> 盤錯的樹根卻扎進
> 光緒年代多苔的故土
> 樹皮裂成公開的紀錄
> 白霜,黑雨,再也記不清幾度
> > 縱紋,叫清末
> > 橫紋,叫民初

生在清末,所以根是紮在「光緒年代多苔的故土」上,如今移植來臺北,「這麼一座城」的窄長巷子裏。樹身盤根錯節,青苔密布;猶是蒼勁的枝柯高挺「在今日海峽的風裏」──「海峽的風」象徵海峽兩岸政局的風風雨雨。樹皮則已滿佈皺紋──縱曰清末,橫則曰民初──飽經「白霜」「黑雨」的侵蝕,如今已皸裂開來,成了「公開的紀錄」──一部活生生的歷史紀錄。

> 我們是一年一歸的候鳥
> 窩在風雨不搖的老樹
> 念家的日子,更像是
> 飄浮在外空的破紙鳶
> > 嫋嫋一線
> 永繫在廈門街的長青樹上

詩人以老樹長青,象徵父親與岳母固守臺灣這「家」之長青不墜。廈門街的「家」,有這兩位「長青」的老親在,臺灣這「家」的實質意義更形鞏固。他們「風雨不搖」地固守家園,是如候鳥「一年一歸」的詩人,其巢窩之所在。這時的詩人任教香港中文大學,自稱飄泊在外、「念家的日子」,就像是「嫋嫋」「飄浮在外空的破紙鳶」,紙鳶引線的彼端,卻是「永繫在廈門街的長青樹上」。

　　「光緒」時代的老樹,伸在「今日」海峽的風裏,他們活在那個叫「清末」「民初」的年代──這是歷史感與現實感。「廈門街」、113 巷「窄長的巷子」──這是地域性。生動、清晰的意象,架構在這三條明明白白的主軸線上,這就是詩藝臻入高境後的余光中,為自己的詩所找到的定位與方向。

三、女兒的木屐聲

　　廈門街 113 巷的家不僅有長青的「家老」，還有天真無邪的「家小」。〔註20〕
平時詩人推著嬰兒車：

　　　　裏面正睡著一個女嬰

　　　　我搖著一架小推車，輕輕

　　　　搖著……

　　　　搖著廈門街深長的小巷

　　　　搖著被蟬聲催眠的下午

　　　　（〈面紗如霧——長女珊珊的婚禮上〉《安石榴》）

後來，嬰兒車裏的嬰孩，長成了翹著兩根小辮子、拖著一雙小木屐，「踢踢踏
／踏踏踢」地，在巷子裏玩耍嬉戲：

　　　　　踢踢踏

　　　　　踏踏踢

　　　　給我一雙小木屐

　　　　童年的夏天在叫我

　　　　去追趕別的小把戲

　　　　　　從巷頭

　　　　　　到巷底

　　　　　　踢力踏拉

　　　　　　踏拉踢力

　　　　　　踩了蹬

　　　　　　蹬了踩

　　　　給我一雙小木屐

　　　　童年的夏天真熱鬧

　　　　成群的木屐滿地拖

　　　　　　從日起

　　　　　　到日落

　　　　　　踩了蹬蹬

〔註20〕余光中生有四女：余珊珊（1958 生）、余幼珊（1959 生）、余佩珊（1961 生）、
　　　余季珊（1965 生）。

—67—

> 蹬了踩踩
>
> (〈踢踢踏——木屐懷古組曲之二《紫荊賦》)

這種在自家巷弄滿地遊戲玩耍的情景，是臺灣五、六〇年代孩童的童年生活。這時的小巷是孩童的童話天地，詩人用類似兒歌的形式，呈現這種天真的童話世界。[註21] 詩用木屐的聲音「踢踢踏／踏踏踢／……／踢力踏拉／踏拉踢力」，這組木屐的擬聲詞，不斷地在詩中迴環繚繞，只有其中一次改成「踩了蹬／蹬了踩／……／踩了蹬蹬／蹬了踩踩」做變化。詩人用木屐這種「笨笨的小樂器」、那種「魔幻的節奏」，把女兒的童年敲醒，讓他「走回童話的小天地」。那樣熱鬧的夏天小巷，成群的木屐在巷子裏滿地拖著，「從巷頭／到巷底」，「從日起／到日落」。

木屐就像格林童話裡灰姑娘的鞋子，它是打開童話世界的鎖鑰，象徵打開已消逝的過往時光。對詩人來說，他與天真的女兒們在廈門街的時光，就像童話世界般的溫馨、美好。木屐是帶他走回從前的臺北、走回從前的廈門街，那個 113 巷 8 號如童話般溫暖之家的媒介。就像卡通小叮噹的任意門——一部時光機器——只要打開開關，時光就可以倒流；木屐就是「用來做時光倒溯的工具」：[註22]

> 春來沙田，坡上路旁，「臺灣相思」的茂密翠葉之間，燦發金黃的一球球花蕊，美得不近情理，特別令人懷古，懷鄉。我所懷者是臺灣，尤其是「家巷」所託的古亭區。此地拈出木屐的形象，來象徵三十年前的古臺灣，而且認為今日的高跟鞋和馬靴雖然神氣，卻不能補償木屐的天真。第二首〈踢踢踏〉多以三字的節奏組成，尤以長句之結尾為然，可以譜成現代民歌。木屐用來做時光倒溯的工具，這意念，童話作者不妨留意。[註23]

詩人幻想自己有一隻「被童話偷藏在門背後／到緊要關頭／卻忘記帶走的那

〔註21〕「兒歌」與「童謠」（或稱「民謠」）、「山歌」不同。「兒歌」是孩子們的詩，從孩子們的心性、生活、童話世界意象、遊戲情趣以及兒童語言的感受出發，比起成人們的山歌、民謠，句式更自由，語言更平白順口，聲韻更活潑，而比興特多，結構奇變，情意清新深厚，更出人意表。「兒歌」與「童謠」之辨，參見朱介凡，《中國兒歌》。（臺北：純文學出版社，1977 年初版、1980 三版），頁 8～54。

〔註22〕余光中，〈舊木屐——木屐懷古組曲之三〉之〈後記〉《紫荊賦》。（臺北：洪範書店。2008），頁 41。

〔註23〕余光中著，《紫荊賦》。（臺北：洪範書店，2008），頁 41。

雙」舊木屐。他亟盼可以穿上它，「踢了拖，拖了踢」地回到「從前的臺北」「古亭區這一帶歪歪的巷子」，〔註24〕這樣，詩人就可以「拖著一雙舊木屐」，走出當今臺北滿城的虛榮浮華。

　　然而這些翹著小辮子，拖著小木屐，以「不成腔調的節奏」，張臂向我奔來的小女兒們，後來則變成：

> 高跟鞋一串清脆的音韻
>
> 向門外的男伴
>
> 敲叩而去的背影
>
> 　（〈小木屐──木屐懷古組曲之一〉《紫荊賦》）

從前是「向我」，現在是「向門外的男伴」；從前是張臂「孤注一擲地／投奔而來」，現在則是踩著高跟鞋，「清脆」地「向門外的男伴／敲叩而去」，女大不中留的憾恨，大概是天下所有父母的心情寫照。

第三節　余光中在高雄西子灣

　　早在 1960 年，余光中就曾寫道：

> 為何我小書齋的窗皆北向？
>
> 為何每夜，每夜當病貓在風中厲嘶
>
> 我的壁畫遂幽幽亮起
>
> 在小熊座的燐火光中
>
> 北極星是愛斯基摩的老族長
>
> 與宇宙同壽。　整夜我清脆地聽
>
> 聽愛斯基摩人用鯨骨刀
>
> 向他的白鬢鏗鏗敲落許多冰柱
>
> 整夜我想──
>
> 　（〈恐北症〉《五陵少年》）

書齋朝北的窗，使詩人因小熊星座與北極星而有整夜不好的聯想。1961 年，他又寫道：

> 母親死時，她的窗朝北
>
> ……

〔註24〕上引詩句見余光中〈舊木屐──木屐懷古組曲之三〉。

　　　　不可救藥，我是恐北症的患者

　　　　書齋的窗子朝北，兩卷詩集

　　　　在北極星的風燈下完成

　　　　南方是床是谷是假期，而北方

　　　　北方是寒食的季節

　　　　瘦，蓄禁慾的鬍鬚

　　　　（〈圓通寺〉《天狼星》）

可見詩人早就有「南向」的想望：

　　　　蓋一座四面都朝南的花房：

　　　　於是從星期日的奢侈中醒來

　　　　聽太陽坐在我的屋頂上呼喊

　　　　喊向日葵們向右看齊，向左看齊

　　　　而開敞的落地長窗外

　　　　色彩們在喋喋爭論，鷓鴣鳥在遠方

　　　　以一管法國號的喃喃

　　　　催眠性感的雲

　　　　（〈恐北症〉《五陵少年》）

南方與北方，余光中是傾向「去北朝南」的，1960 年，詩人表露有這樣的期
待。1985 年余光中應中山大學之聘回臺，選定南臺灣的高雄為落居之地，實
現他「朝南」的願望，從此余光中成了「西子灣的余光中」。

　　另外一個原因是：

　　　　有人問我，為什麼要離開臺北？我的回答是，不是我離開了臺北，

　　　　而是臺北，我認識的那個臺北，半輩子消磨其中的臺北，離開了我。

　　　　我去臺北的次數，愈來愈少了，一來是怕見今日的臺北，二來是情

　　　　傷昔日的臺北。因為臺北變了，臺北人也變了，而最可驚最可悲的，

　　　　是我自己也變了。十六年前在松山機場揮別臺北的那個人，我已經

　　　　不再是他。即使我回去臺北，也無法「復位」。〔註25〕

臺北變了，它已成現代大都會，變得像座「虛榮城」：

　　　　一層層迷網的霓虹燈

　　　　電視機，電玩機，擴音機

〔註25〕余光中，《夢與地理・後記》。（臺北：洪範書店，1990），頁 189。

電話和電鈴不規則的突襲

……東洋和西洋的廣告

歌廳，馬殺雞，補習學校

滿耳的噪音，滿腔的廢氣

……猙獰的社會版，越讀越悲觀

販嬰，拐童，撕票的慘案

競選的滔滔大話

座談的喋喋清談

……

日本的野狼群屬噪過處

只見新開的鞋店，一排排

關不住意大利風的皮鞋和馬靴

一雙雙蠢蠢欲動

只等著把我們，紛紛

推向未來

（〈舊木屐──木屐懷古組曲之三〉《紫荊賦》）

詩人是強烈念舊、懷古的人，這種改變使他不能忍受今天廈門街「日本的野狼群屬噪」──指日製機車「山陽野狼」狂野地嘯噪，[註26] 以及一排排新開的鞋店，一雙雙義大利風的皮鞋和馬靴，「蠢蠢欲動」地「等著把我們，紛紛／推向未來」。他還是喜歡木屐敲打路面「踢了拖又拖了踢」地，像敲木魚的聲音。這鏗鏗然的聲音，不管對方是「削面而來」，還是「撞肘而去」，都有人與人的親切感，又似木魚古磬般地發人幽思。[註27]

　　但是這種宛如童話似的時代悄然離去，七〇、八〇年代臺灣經濟的繁榮，帶來虛榮浮華的副作用。那個有「伸出扶桑和九重葛」的圍籬、有「空巷裏木屐的回聲」、是詩人寂靜「時光隧道」的廈門街，消失了，「廈門街頭再也聽不見木屐」了。木屐的童話一走，也把一切都帶走了。「傳說的門背後早已空空」，詩人自覺像個「異鄉人」，回不去了。

　　從 1985 年 8 月到 1999 年 8 月，余光中就住在高雄西子灣中山大學教授

〔註26〕寫臺灣摩托車的高速馳騁，余光中另有〈超馬〉一詩，收在《與永恆拔河》。
〔註27〕有關臺北的改變，可參見〈沒有鄰居的城市〉《日不落家》。（臺北：九歌出版社，1998），頁 127～137。

宿舍甲棟四樓，辦公室則在文學院四樓，兩處都與豪爽的海為鄰，過著周遭環境與臺北廈門街迥然不同的生活。其家居與海毗鄰的情形是：

> 來高雄將近十五年，我一直定居西子灣中山大學的教授宿舍，住在甲棟四樓。無論靠著陽臺的欄杆，或是就著書房的窗口，都可以越過鳳凰樹梢，俯眺船來船去的高雄內港；更越過長堤一般的旗津，遠望外面浩闊的海峽。〔註28〕

在家的面海如此，而教學、辦公的所在，和海就更親近了：

> 我的辦公室在文學院四樓，西子灣港口的堤防和燈塔，甚至堤外無際的汪洋，都日日在望。……水天交界的那一線虛無，妙手接走的落日，一年至少有兩百多個。〔註29〕

在這裡，向西遠望，可以望見少年的大陸，也可以遙念中年的香港。背後又有壽山、柴山相倚傍，如此靠山面海的場景，就成為西子灣余詩的背景。西子灣的海、天，漸漸為余光中所有：

> 有幸得寵於海神，我在西子灣的詩作不必刻意造境，只須自然寫景，因為只要情融於景，就成了境。〔註30〕
>
> 西子灣的山精海靈給我的天啟，至少引出二十四、五首詩，份量不輸我沙田時代吐露港上的收成。〔註31〕

如此依山傍海的歲月，在既山居又臨海的高樓長窗旁，余光中寫下他的西子灣生活，他真的成為「西子灣的余光中」了。

一、豪爽的鄰居

為什麼要老遠地跑到南部定居？余光中說是「為了一個鄰居」：

> 為了他豪爽的性格
>
> 住在他的隔壁
>
> 一點也不覺得擠
>
> 他浩藍的眼神只要
>
> 偶然一瞥

〔註28〕 余光中，《高樓對海·後記》。(臺北：九歌出版社，2000年初版、2007年重排初版)，頁204。

〔註29〕 余光中，《高樓對海·後記》，頁204～205。

〔註30〕 余光中，《高樓對海·後記》，頁207。

〔註31〕 余光中，《高樓對海·後記》，頁209。

就忘了圍困的市區
　　（〈海是鄰居〉《五行無阻》）

為了這麼一個有「豪爽性格」的鄰居而定居高雄西子灣，可見這鄰居的豪邁直爽多有價值：

最豪爽的鄰居
不論問他什麼
總是答你
無比開闊的一臉
盈盈笑意
　　（〈與海為鄰〉《高樓對海》）

有著一張「無比開闊」、永遠帶著「盈盈笑意」的臉。問什麼答什麼，這樣的坦誠爽朗，世上「有誰比他／更坦坦蕩蕩的呢」？因為有這樣能真心交往、豪邁直爽的鄰居，所以只要偶然一瞥「他浩藍的眼神」，就沒有被圍困在市區的擠壓感。這個擁有「浩藍」眼神的，非大海而誰何。

與大海為鄰，不僅舒緩了被圍困在市區的擁擠感，彷彿還擁有了一切：

與海為鄰
住在無盡藍的隔壁
卻無壁可隔
一無所有
卻擁有一切
　　（〈與海為鄰〉《高樓對海》）

大海與他是一「壁」之「隔」的鄰居，可是卻沒有被「壁」隔開的隔閡與障蔽。它純是一望無盡的藍，自己對這無盡的藍，在所有權上雖是「一無所有」，可是在主觀的感覺上「卻擁有一切」，藝術所追求的境界，不正是如此？

擁有一切是心理的豐實感覺，而日常生活的實質好處，則是有最自然的催眠曲，輕輕地搖晃著詩人進入夢鄉：

只求他深沉的鼾息
能輕輕搖我入夢
只求在岸邊能拾得
他留給我的
一枚貝殼

好擱在枕邊

當作海神的名片

聽隱隱的人魚之歌

或是擱在耳邊

曖昧而悠遠

（〈與海為鄰〉《高樓對海》）

「他深沉的鼾息」雖單調卻動聽，他用世上最大的肺活量哼出的催眠曲，輕輕地將詩人搖入深沉的夢鄉，這是多麼高級的催眠曲。其次，在岸邊又能撿到海神所留贈的貝殼，詩人把貝殼權充做海神的名片，「擱在枕邊」，就可以隱隱約約聽到美妙的「人魚之歌」。〔註32〕設若「擱在耳邊」，那歌聲就悠遠得有些曖昧了。

二、清靜愜意的生活

（一）白天

西子灣的環境與臺北廈門街大不相同，譬如初夏：當臺北被困在「紅塵滾滾的毒氛」裡時——紅塵毒氣不僅是指生活中可見的各種廢氣，也象徵人事的紛爭等等——高速公路這一頭的高雄，則是：

清風從海峽上吹來

帶來海涼的水氣

……

青空虛臨著碧海

一線把水平中分

吹盡了雲霧和灰塵

讓我自由的肺葉

飄揚成一隻風箏

〔註32〕「人魚」或指希臘神話中的海妖賽娜（Siren），也可能是《安徒生童話故事》中的「美人魚」（丹麥語為「Den Lille Havfrue」；英語則是「The Little Mermaid」），她是安徒生童話故事中的著名角色，這個故事也被翻譯為「人魚公主」、「小美人魚」、或「海的女兒」。她們都有優美的嗓音，令人為之傾心神往。這裡說的「人魚之歌」應是指她們優美的歌聲，不是 1995 年，英國犯罪小說作家薇兒·麥克德米（Val McDermid）套用人魚的典故，奪得金匕首獎的《人魚之歌》（*The Mermaids Singing*）。這本小說血腥殘酷的描述，與男性作家相比毫不遜色，是最引人爭議的地方。

……

初夏在肌膚上

滑溜溜好像初秋

（〈初夏的一日〉《五行無阻》）

「青空虛臨著碧海」，「吹盡了雲霧和灰塵」，詩人的肺葉像一隻風箏，自由地
飛揚。海峽吹來的清風，「帶來海涼的水氣」，肌膚「滑溜溜好像初秋」。這麼
清爽乾淨的環境，加上極簡單的生活：

一下午電話無話

涼鞋靜對著竹椅

若遠方的朋友問起

就說像一杯冰水

盛在剔透的玻璃

（〈初夏的一日〉《五行無阻》）

好天氣，又沒有人間俗事的打擾，唯一相伴的是「涼鞋靜對著竹椅」──「涼」
鞋與「竹」椅，則午間清閒之逸趣自出──使得心境像冰水「盛在剔透的玻璃」
杯裡，清涼明透，整個人不由自主地爽淨了起來。〔註33〕這就是斯賓諾莎說
的，要有高貴的思想，簡單的生活。這樣清淨、簡單的生活並不是死「靜」的，
除了那位海鄰居超大肺活量的吐納聲外，偶而也傳來高雄港的汽笛聲：

一聲氣笛，你聽，她肺腑的音量

便撼動滿埠滿塢的耳鼓

一路掠水而來，直到我陽台

那一列以海景為背景的盆景

都為之共震，……

（〈高雄港上〉《高樓對海》）

汽笛聲如海鳥從港埠一路掠波而來，陽臺的盆景也隨著音波「共震」一番。詩
人不住在山中不能與山鳥共鳴，卻有如海鳥的汽笛聲隨波來搖撼他的陽臺，震
它一下，臨海與山居確實都不寂寞。

　　偶或出門探訪，亦不乏與高雅文士邂逅。如在六龜林琴亮先生的蘭園，就
遇到古琴家容天圻先生，得以享受一場音樂饗宴：

───────────

〔註33〕這意象大概化自王昌齡的〈芙蓉樓送辛漸〉：「寒雨連江夜入吳，平明送客楚山
　　　　孤。洛陽親友如相問，一片冰心在玉壺。」

七弦泠泠，十指輕輕
才起更落，拂罷還攏
向龍眼樹下的午夢
召來一片古穆的琴音
有的，滑下了青苔
有的，飄落在石階
有的，被山風帶走
有的，隨澗水流去
還有一些更加悠揚的
就伴著宛轉的爐煙
　　上升而迴旋
穿過滿樹初結的龍眼
越飄越淡，越飛越遠
化作六龜一帶的晚涼
（〈聽容天圻彈古琴〉《藕神》）

六龜鄉在高雄偏遠的山區，龍眼樹是高雄最習見的果樹，路邊或山野都見得到它們的蹤跡。此時是陽曆五月，正是夏季，滿樹初結龍眼。在蘭園的龍眼樹下，習習的涼風在夏日的午後，彷彿是午夢般，「召來一片古穆的琴音」，輕輕、泠泠地起、落、拂、攏。詩人將抽象的琴音擬化如物地說它：滑下青苔、落在石階、被風帶走、隨澗逝去。而更悠揚的，則隨著爐煙「宛轉」、「迴旋」地升空，悠悠地化淡、遠去，只遺下清涼的晚風，飄過來、拂過去。這種聽高人撫琴的雅趣，正是李白「客心洗流水，如聽萬壑松」的境界。

（二）夜晚

1. 月夜

而入夜之後呢，月光
淨化了天上，海上
連同滿港的燈火
終夕都浮在空際
是旗津內外的船舶
（〈初夏的一日〉《無行無阻》）

入夜後，天上有月光，地上則有海上與港中的燈火，終夕在黑幕的空際處，浮

浮沉沉，彷彿在延續白天的晶涼清透。設若是深宵不寐，也另有一番意境：

> 深宵不寐，恍然有成仙的滋味
> 這麼無所逆心地坐著
> 把晝間萬籟的紛擾
> 把不安之島的針氈
> 趺坐成一塊蒲團
> 潮聲和蛙聲一前一後
> 接成一道辟邪的符咒
> 為我擋住臺北那一簇
> 七嘴八舌的麥克風
> 信口亂吐的妄言
>
> （〈深宵不寐〉《安石榴》）

壽山夜晚的海潮聲與蛙聲，是詩人極熟稔的「晚友」，每夜陪伴著詩人，因此常常出現在詩人的詩中。他甚至可以循聲辨出季節，〔註34〕所以詩人視潮聲和蛙聲是其「辟邪的符咒」，擋住臺北麥克風所播放的妄言。白晝的紛擾與如坐針氈的不安，均一一被「趺坐成一塊蒲團」，心中毫無所逆地平順和諧，彷彿已得道成仙了：

> 深宵不眠，儼然已得道登仙
> 蒲團一夕的淨土坐著
> 電話不驚的界外醒著
> 一壺苦茶獨味著老境
> 只為這感覺恍若在仙裏
> 這感覺，問遍港上的燈火
> 似乎一盞也沒有異議
> 就連進港的一聲汽笛
>
> （〈深宵不寐〉《安石榴》）

詩人描寫成仙的滋味並不是一味地死寂：坐在如淨土的蒲團上，外邊的世界仍是醒著的，但已不再驚擾此刻入仙的心境。品著苦茶，味著老境，看著港上的燈火，耳聞遠處進港的汽笛聲。聲聲入耳，聲聲和順，沒有一方有「異議」。一切入耳順心，觸目適性，這心境非仙人而何。

〔註34〕余光中，〈停電〉《五行無阻》：「試探的蛙聲，寥不成群／提醒我初夏已到壽山」。

即便在停電的夜晚，也不礙這成仙的滋味：

> 反正是做不成了，我索性
> 推開多繁重的信債，稿債
> 閉上光害虐待的眼睛
> 斜靠在月光裡，像個仙人
> 吐納愛迪生出世以前
> 那樣閒閒的月色與寧靜
> （〈停電〉《五行無阻》）

沒有了「光害」，更能與斜臨的月光交友。換個姿勢，斜斜地倚著月光，享受「閒閒的月色與寧靜」，這倚姿斜勢與滋味是愛迪生發明電燈前，人類本就擁有的。

2013 年重九前夕，詩人偕親人登高，入宿佛光山紫竹林精舍。佛陀紀念館聳立其側：〔註35〕

> ……，一盞
> 淡金的長明燈
> 就那麼供在
> 佛陀坐姿的面前
> 任雲紗拂撩
> （〈佛光山一夕〉《太陽點名》）

佛光山寺位於高雄市大樹區，1967 年由開山宗長星雲大師創辦，屬大乘佛教，為南臺灣著名的佛教道場。在月色中，詩人在此領受了佛法禪意：

> ……，青果細密
> 卻瞞不了
> 附近的栖鳥
> ……
> 蛙噪有一點放肆
> 却難掩谷底

〔註35〕佛陀紀念館於 2003 年舉行安基典禮，2011 年 12 月 25 日落成。此館之興建緣起於 1998 年星雲大師至印度菩提伽耶傳授國際三壇大戒，當時西藏喇嘛貢噶多傑仁波切（Kunga Dorje Rinpoche），贈送護藏近三十年的佛牙舍利，盼在臺灣建館供奉，以永存正法。參見佛光山佛陀紀念館網站，網址：http://www.fgsbmc.org.tw/intro_origin.html

　　　　有水聲泠泠

　　　　一路來告密

　　　　（〈佛光山一夕〉《太陽點名》）

此時的詩人，不僅遠離了紅塵俗囂；觸目的生機，充耳的禪意，更似佛陀就在跟前，為其說法講道了。

　　這些都是詩人在高雄西子灣與左營的生活片段，可說是他在高雄的生活剪影。詩中偶而有意拿高雄與臺北的生活相比，暗示在西子灣的生活，比臺北清淨自在得多。

　　2. 雨夜

　　設若下起雨來，「落在高雄的港上」，在秋分前夕，從西子灣遠望高雄港更美：

　　　　雨落在高雄的港上

　　　　濕了滿港的燈光

　　　　有的浮金，有的流銀

　　　　有的空對著水鏡

　　　　牽著恍惚的倒影

　　　　（〈雨，落在高雄的港上〉《安石榴》）

「滿港的燈光」被淋濕了，有的似浮金，有的似流銀，像「牽著恍惚的倒影」，空對著如鏡的水面。涼涼的雨絲為高雄港「帶來了一點點秋意」，也：

　　　　帶來安慰的催眠曲

　　　　把幾乎中暑的高雄

　　　　　輕輕地拍打

　　　　　慢慢地搖撼

　　　　哄入了清涼的夢鄉

　　　　（〈雨，落在高雄的港上〉《安石榴》）

秋雨像催眠曲，「輕輕地拍打／慢慢地搖撼」，安慰「幾乎中暑的高雄」。把所有的波浪、堤防、貨櫃船、起重機、錨鍊、桅杆，所有的街巷、壽山和柴山、旗津和小港，全「哄入了清涼的夢鄉」。

　　　　只剩下半港的燈光

　　　　有的，密擁著近岸

　　　　有的，疏點著遠船

......
　　一池燦燦的睡蓮
　　深夜開在我牀邊
　　（〈雨，落在高雄的港上〉《安石榴》）

高雄港被秋雨哄得睡著了，只剩遠船稀稀疏疏的漁火和近岸密密簇擁的燈光，靜靜地映在港中如鏡的水面上。在西子灣遠望這雨夜的港中光景，美得就像「一池燦燦的睡蓮」，在黑沉沉的深夜，金燦燦地在牀邊綻放開來。

　　裁一截在限時信裏
　　多麼動聽的單調
　　寄給北部
　　那幾隻可惜
　　聽不見潮水的耳朵
　　（〈海是鄰居〉《五行無阻》）

既有澄淨的心境，復有「燦燦的睡蓮」晚來相伴，偶而把豪爽鄰居的鼾息裁剪一截，寄給臺北「那幾隻可惜／聽不見潮水的耳朵」，和朋友分享這種大自然的天籟，這就是余光中西子灣生活的精美剪影。

三、望海的眼睛

　　鄉愁是余詩的基調。在西子灣，儘管有豪爽的鄰居、愜意自在的生活，但是揮之不去的懷鄉愁思，總讓詩人的眼睛，不時地瞅著大海──在這裡，望鄉的距離比臺北廈門街，更近、更方便了──望眼欲穿地懷思著彼岸的故鄉與友人。那雙眼睛由近及遠地，次第遠眺：

　　比岸邊的黑石更遠，更遠的
　　　是石外的晚潮
　　比翻白的晚潮更遠，更遠的
　　　是堤上的燈塔
　　比孤立的燈塔更遠，更遠的
　　　是堤外的貨船
　　比出港的貨船更遠，更遠的
　　　是船上的汽笛
　　比沉沉的汽笛更遠，更遠的

　　　　是海上的長風

　　比浩浩的長風更遠，更遠的

　　　　是天邊的陰雲

　　比黯黯的陰雲更遠，更遠的

　　　　是樓上的眼睛

　　（〈望海〉《夢與地理》）

先「望」見岸邊最近的靜立黑石，再「望」見不斷「翻白」滾動的橫江晚潮，
然後是靜靜孤立著的燈塔，更後面是來來往往的點點貨船，終至一無所「望」。
只能耳聞沉沉的汽笛鳴聲。詩人說汽笛比出港的貨船遠，這當然不是事實，但
有經驗的讀者，一定會贊同詩人這句話，因為從人類的感官接收來說，汽笛的
鳴聲的確比船的身影，傳得更遠，也就是說聽覺比視覺傳得快而遠。

　　詩人望海，在汽笛之後，既「望」不見，也「聽」不到，但眼睛仍不死心
地依理推測：長風萬里從海上來，所以汽笛之外應是「海上的長風」了；而風
起雲湧，所以長風之後，想必是天邊那「黯黯的陰雲」了。

　　這一切都是樓上那雙望鄉的眼睛，不斷望著大海所「看見」的。這樣的「望
海」，想必是詩人常做的事，順序應千篇一律，所以詩人用單一的句式去表達，
依序一句句遞出了「望」中之所見。「望」的過程，外人容或覺得單調無味，
但對懷鄉、惜舊的詩人而言，這每次同一且單調的行程，卻是百看不厭的。

　　有一次，詩人從同事那兒借來望眼鏡——「雙筒的圓鏡，七點五倍」——
準備觀哈雷慧星，卻一樣「順便」拿來「望海」：

　　　　輪廓像一匹側踞的海獸

　　　　岬頭那座怪石的背後

　　　　如果我一直向前走

　　　　就是錯落的澎湖了嗎？

　　　　再過來，擋在那塊小石磯後

　　　　該是廈門呢，還是汕頭？

　　　　（〈夢與地理〉《夢與地理》）

一樣地循序而「望」，一樣地推測，照樣是看不膩。尤其是剛回臺的那一年
（1985 年），詩人除了「望」大陸的故鄉外，還有另一個搜尋的目標——西
南方的香港：

　　　　如果，這四方紅樓的文學院

> 面海的排窗是西南偏西
>
> 那一艘舷影迷幻的貨船
>
> 是正對著呢，還是斜對著香港？
>
> 而那麼壯烈的霞光啊
>
> 早已成灰的越南，再燒一次嗎？
>
> （〈夢與地理〉《夢與地理》）

在望眼鏡中搜尋「西南偏西」的香港，心中卻狐疑：「那麼壯烈的霞光」，是「早已成灰的越南，再燒一次嗎？」詩人心中掛念香港成為第二個越南的憂思，已盡在不言中了。

四、蒼茫時刻

（一）臨老的孤寂

水上的霞光沒入暮色，地上的燈光沒入夜色，天上的星光沒入曙色，詩人高雄的每一天就這樣循環著，除了不變的懷鄉、念舊的愁思外，年齒漸增，獨對暮年老境的凋零感，也逐漸增加：

> 我們的生命啊
>
> 一天接一天，何以
>
> 都歸於永恆了呢？
>
> 而當我走時啊
>
> 把我接走的，究竟
>
> 是怎樣的天色呢？
>
> 是暮色嗎昏昏？
>
> 是夜色嗎沉沉？
>
> 是曙色嗎耿耿？
>
> （〈天問〉《夢與地理》）

我們的生命終將如霞光、燈光、星光一樣地消失不見了，余光中名此老年的情境為「蒼茫時刻」，這種時刻余光中慣以黃昏或黑夜為背景：

> 溫柔的黃昏啊唯美的黃昏
>
> 當所有的眼睛都向西凝神
>
> 看落日在海葬之前
>
> 用滿天壯麗的霞光

> 像男高音為歌劇收場
> 向我們這世界說再見
> 即使防波堤伸得再長
> 也挽留不了滿海的餘光
> 更無法叫住孤獨的貨船
> 莫在這蒼茫的時刻出港
> （〈蒼茫時刻〉《高樓對海》）

黃昏「用滿天壯麗的霞光」，為落日舉行海葬。這種場面就像西方歌劇，安排高亢的男高音收場一樣地壯麗、唯美、光榮地落幕，真是溫柔體貼的心思。長長的防波堤象徵親友捨不得分開的手，縱使伸得再長，也挽留不了落日半絲的餘暉。更別說，即使喊破喉嚨地叫著：「別走啊！別出港！」的那艘「孤獨的貨船」，仍徐徐消失在「蒼茫的」暮色中……。

這是余光中以黃昏為背景所描寫的蒼茫心境，這種悲思曠古以來未曾斷絕：

> 從來繫日乏長繩，水去雲回恨不勝。欲就麻姑買滄海，一杯春露冷如冰。

余光中的蒼茫感正是李商隱的恨恨。黃昏之後就是黑夜，詩人向西的長窗，上映著黃昏與黑夜的交接典禮：

> 黃昏之來多彩而神祕
> 落日去時，把海峽交給晚霞
> 晚霞去時，把海峽交給燈塔
> 我的桌燈也同時亮起
> 於是禮成，夜，便算開始了
> （〈高樓對海〉《高樓對海》）

交接的信物是「海峽」，落日「把海峽交給晚霞」，晚霞「把海峽交給燈塔」，「於是禮成」，黑夜正式降臨，燈塔正式接掌照看海峽風浪的任務。與此同時，詩人的桌燈也亮了起來，它也開始照看白髮詩人的心事，一如燈塔照看海峽的風浪一樣。詩人用電影蒙太奇的手法，[註36] 仔細地交代由「黃」昏轉為「黑」

〔註36〕「蒙太奇」是一種電影藝術的重要表現手法。為英語 Montage 之音譯。它將全片所要表現的內容，分為許多鏡頭分別拍攝，再依原定創作構思將這些鏡頭加以組接，通過各鏡頭形象間相輔相成的關係，產生連貫、呼應、對比、暗示與聯想等作用，形成有組織的片段、場面，從而完成一部完整的影片，這種的電影表現方法就稱為「蒙太奇」。

夜的過程,正是為了凸顯燈塔是海上的一盞桌燈,桌燈是桌上的一座燈塔的主題意象。

「幸免非常病,甘當本分衰」,〔註37〕年齒漸長,體力日衰。老而衰乃人生常規,若加變故,則成老病。病或可賴醫藥漸除,衰則愈積愈沉,直至心力頹弊,肢體不堪運使,結局是人人聞之喪膽的死亡。死原無可懼,可懼的是無法癒除的病痛與衰老,都只能自己獨力承擔──沒有人可以幫你「老」、替你「死」,更別說老、死之間,肉體所受的病痛折磨,也只能自己苦苦獨吞、撐持,更無一人替代。這種孤悄的老境,其淒涼寂寞,可想而知。

余光中將此心境比之黑夜「滿滿一海峽風浪」,一波接一波,結結實實地撼動著,有如黑夜的暮年晚景,無人聽其絮聒,只有桌燈知曉:

> 一生蒼茫還留下什麼呢?
> 除了窗口這一盞孤燈
> 與我共守這一截長夜
> 寫詩,寫信,無論做什麼
> 都與他,最親的夥伴
> 第一位讀者,就近斟酌
> 遲寐的心情,紛亂的世變
> 比一切知己,甚至家人
> 更能默默地為我分憂
> (〈高樓對海〉《高樓對海》)

「這一截長夜」只有桌燈與白髮詩人「共守」;「截」字,把「長夜」是一天其中的一個時段,傳達得很準確。桌燈如燈塔,燈塔就是桌燈,「燈塔是海上的一盞桌燈/桌燈,是桌上的一座燈塔」。桌燈照著燈下的白髮,也照著白髮詩人「一波接一波」起伏不平的心事。詩寫好了,詩人就近在燈下細細「斟酌」,桌燈就是詩人的「第一位讀者」。它也知紛亂的世變,更瞭解詩人遲遲不寐的心情,可說是詩人「最親的夥伴」,「比一切知己,甚至家人」,都更能為其分憂解煩。

多寂寞啊!這種臨老的心境只剩桌燈為伴,只有小青蟲偶而飛來與詩人「共燈」。將來呢?當將來有一天,「白髮」詩人不在燈下了,他「蒼茫」的一生,留下了什麼?詩人忍不住扳指細細分派:

〔註37〕白居易〈答夢得秋日書懷見寄〉詩中句。

　　一生蒼茫還留下什麼呢？

　　除了把落日留給海峽

　　除了把燈塔留給風浪

　　除了把回不了頭的世紀

　　留給下不了筆的歷史

　　還留下什麼呢，一生蒼茫？

　　至於這一盞孤燈，寂寞的見證

　　親愛的讀者啊，就留給你們

　　（〈高樓對海〉《高樓對海》）

落日可以留給海峽，燈塔就交給風浪，「回不了頭的世紀」丟給「下不了筆的歷史」去傷腦筋吧。桌燈呢？它見證詩人老境的寂寞，留給讀者最合適了。蒼茫的一生，就留給桌燈做見證了。

（二）同穴杳冥未可期

　　白髮侵老的心境，最憂心的是與之相伴一甲子的髮妻。余光中與妻子范我存，是抗日戰爭期間在四川相遇的。其後輾轉來臺，1956 年結婚，至 2017 年余光中過世，兩人整整相伴六十一年。1991 年 9 月，他寫了〈三生石〉，回憶當日「紅燭昏羅帳」的情景：

　　三十五年前有一對紅燭

　　曾經照耀年輕的洞房

　　——且用這麼古典的名字

　　　　追念廈門街那間斗室

　　迄今仍然並排地燒著

　　仍然相互眷顧地照著

　　照著我們的來路，去路

　　（〈三生石〉《五行無阻》）

數十多年來，他們情愛彌篤，恩愛逾恆，彷彿那對紅燭仍在「燒著」、「照著」即使如今已是白髮皤皤的老翁，他仍不時地向妻子示愛：

　　且莫嘲弄我多麼衰老

　　雙臂張開，還能夠擁抱

　　　　像太陽擁著火晃

　　　　像月亮擁著風暈

> 像土星擁著光環
> 像木星擁著
> 繽紛的十六顆衛星
> 那樣地將你擁抱
> （〈思華年〉《太陽點名》）

以日月星辰喻臂擁妻子之感，大有此情地老天荒不渝，將與宇宙天地同存之意，可見夫妻相互依戀之深。回顧這半世紀多的同甘共苦日子，余光中譬之如晶瑩、溫潤而圓滿的珍珠：

> 跟你同享的每一個日子
> 每一粒，晴天的露珠
> 每一粒，陰天的雨珠
> 分手的日子，每一粒
> 牽掛在心頭的念珠
> 串成有始有終的這一條項鍊
> 依依地靠在你心口
> （〈珍珠項鍊〉《夢與地理》）

兩人在一起的日子，有晴、有雨，也有心酸的兩地分隔。珍珠是露珠，也是雨珠，更是心頭上的念珠，所以日子是「銀灰」色的——它不是清透無瑕。串起這日日如珍珠的機緣，卻只是月老的一根紅線。貫穿數十年歲月的，全憑一條十八寸長的因緣——婚姻憑的只是「一線因緣」，這細細的一根紅線，竟串起半世紀的歲月，多麼奇妙。

〈珍珠項鍊〉是余光中紀念他們夫妻結褵三十年的作品。五年後，詩人又寫了〈三生石〉，對緣結半生的恩愛，喻之「就像仲夏的夜裡」，不管是生、是死，兩人都「跟入了夢境」，永遠都要在一起：

> 就像仲夏的夜裡
> 並排在枕上，……
> （〈三生石〉之二〈就像仲夏的夜裡〉《五行無阻》）

這首詩有四章，第二章詩人暗用了莎士比亞的〈仲夏夜之夢〉（*A Midsummer Night's Dream*），希望有情的兩人，生死都能在一起。第三章則取用佛經故事：

> 讓我們來世仍做夫妻
> ……

只記得樹陰密得好深

而我對你說過一句話

「我會等你，」在樹陰下

（〈三生石〉之三〈找到那棵樹〉《五行無阻》）

余光中用佛祖弟子阿難鍾情一女子的故事，對妻子也深情款款地說，「我會（在樹陰下）等你」。然而這麼深的情分，卻抵不住紅燭的愈燒愈短，詩人知道結果終究是抵擋不了的：

燭啊愈燒愈短

夜啊愈熬愈長

最後的一陣黑風吹過

那一根會先熄呢，曳著白煙？

剩下另一根流著熱淚

獨自去抵抗四周的夜寒

（〈三生石〉《五行無阻》）

「白煙」對「熱淚」，外加沁骨的孤寒，這種即將到來的生死處境，詩人似已做了心理準備，卻難掩心中的酸楚：

只怕有一天猝然驚寤

雙枕並排只剩下了一枕

不敢想究竟是誰先，只怕

先走固然要獨對邃黑

留後也不免單當孤苦

不敢想，在訣別的荒渡

是遠行或送行更加悲傷

只怕不像洞房的初夜

一個，睡的是空穴

一個，枕的是空床

（〈悲來日——百年多是幾多時〉《高樓對海》）

「君埋泉下泥銷骨，我寄人間雪滿頭」，〔註38〕不管是知音好友或是結髮夫妻，

〔註38〕白居易〈夢微之〉：「夜來攜手夢同遊，晨起盈巾淚莫收。漳浦老身三度病，咸陽草樹八迴秋。君埋泉下泥銷骨，我寄人間雪滿頭。阿衛韓郎相次去，夜臺茫昧得知不。」

這種一人先行，另一人獨活的淒寒苦況，又豈是痛徹心扉所能形容，只好權且從宗教尋求寬解，以慰憂苦：

> 當渡船解纜
>
> 風笛催客
>
> 只等你前來相送
>
> 在茫茫的渡頭
>
> 看我漸漸地離岸
>
> 水闊，天長
>
> 對我揮手
>
> 我會在對岸
>
> 苦苦守候
>
> 接你的下一班船
>
> 在荒荒的渡頭
>
> 看你漸漸地靠岸
>
> 水盡，天迴
>
> 對你招手
>
> （〈三生石〉之一〈當渡船解纜〉《五行無阻》）

兩人在人間相守，也期盼於渺遠的一方再相聚。水闊、天長，雲天渺渺，孤舟悠悠地向荒遠的渡頭擺去，這渺茫悠遠的景象，正是「蒼茫」心境的寫照，應該也是李太白所說的「千歲憂」之一吧。

第四章　余光中臺灣詩中的「師友情」

　　余光中寫人以朋友居多。其對弱勢小民的哀憫，另列於第五章第三節〈悲憫弱勢族群〉，此章專論余光中與臺灣師友的交往情形，分詩壇友人、藝文友人、前賢與師長三節論述，各取余氏寫這類詩之代表人物為論述對象。這樣的分類並不容易且非絕對，純粹只是為說明余光中與這些師友之交情、交往面向與交誼內容而設。

　　詠寫人物與詠物詩之詠物，有其相近之處：

　　　　詠物詩是以物的實體為對象，去顯現出它的特殊性質或樣態，在顯現
　　　　的過程中，詩人或加以批判，或者由物的特殊性聯想到其他的思想、
　　　　情感或觀念。寫人物的詩，其實也可以歸入詠物詩的範疇。〔註1〕

余光中寫這些師友們的詩，有的只有一首，有的則有數首。它們或在同一年代，或分屬不同年代。只有一首的，較好歸類；若是多首，絕大多數又都分屬在不同時期——或描摹其人，或贈詩以懷，或贈詩以答，或贈詩以別、以謝，各有不同的詩風呈現，可藉此論證余光中各期不同的詩風。

　　本章將以余光中寫予某人之某一首詩為論述的主要對象，只是相對地，藉此詩看出兩人情誼之深淺，故將該詩列為主要論述對象，其他詩則居旁襯、輔助的作用。

第一節　詩壇友人

　　余光中臺灣詩中的友人以詩人居多。他們大多身在同一時代，同為現代詩

〔註1〕李瑞騰，〈談余光中的一次「敗筆」〉《璀璨的五采筆》。（臺北：九歌出版社，1994），頁248。

人，彼此的詩風與對詩文的主張，有相似也互異，本節分藍星詩社的詩友及其他詩社的詩友論述之。

一、藍星詩社的詩友

寫入余詩中的臺灣友人，早期多是藍星詩社與之唱和的詩人。他們都是現代詩人，同在詩社，以文會友，既有相投的志趣，復有切磋砥礪之功，吟詠嗟嘆之際，相知相惜的情誼自然逐日加深：

> 聽秋天的下午斜向黃昏
> ……
> 我的耳朵也斜著，向遠方
> 殘梗戟指著一個夏天
> 荷葉的幽靈神經質地夢著——
> ……
> 看荷池的眸子噙多少委屈
> 畢竟這是秋季，航空信的秋季
> 島在風中，風在水上
> 國際郵簡在厚厚的雲上
> （〈植物園——懷夏菁、望堯、黃用〉《五陵少年》）

夏菁、黃用、吳望堯都是藍星詩社的詩人，余光中回憶這段友情說：

> 當我寫《五陵少年》最早的幾篇作品時，好幾枝犀利的詩筆，黃用的筆、望堯的筆，仍非常多產。到我寫其中最後的幾篇時，那幾枝筆早已擱下來了。……時常，我想念四十六、七年的那一段日子，那一段色彩絢爛的小規模的盛唐。那時，臺北盆地盛著好豐滿的春天。〔註2〕

〈植物園〉寫於 1961 年 12 月，詩以秋天黃昏斜照的日影起興。用夕照物影斜斜長長，興自己的耳朵也斜著、眼睛也長長地望向遠方，正期盼著三位友人的音訊。這個意象把人長頸企盼、〔註3〕側耳傾聽之引「頸」傾「耳」姿態，具

〔註2〕余光中，《五陵少年‧自序》。（臺北：大地出版社，1981），頁6～7。

〔註3〕「意象」（image）一詞，歷來解釋頗多分歧，本文既論余光中臺灣詩，便以余光中所說的意象，為本文意象之定義。余光中解釋意象說：「所謂意象，即是詩人內在之意，訴之於外在之象，讀者再根據這外在之象，試圖還原為詩人當初的內在之意。外在之象不正確，則讀者可能誤解內在之意。」余光中所說的「外在之象」，即是艾略特所說的「客觀對應物」（objective correlative）。見余光中，〈論意象〉《掌上雨》。（臺北：大林出版社，1970），頁9。艾略特所說「客觀對

體地呈顯出來。落日西沉更彷彿是詩人孤單寥落的情懷一樣，是成功借景抒情之一例。接著寫昔日夏遊植物園蓮池的景況，既借之報近況，亦藉此表達思念之殷切。噙著「委屈」之淚的眼睛，不管是外界加諸身上的壓力，或是殷勤思念所導致的愁懷，都明白地表達詩人對友人思念之深切。

歷來懷思之詩，內容不外是向友人報告自己近況、寫懷思之情兼述己志：一來讓友人知道自己目前的生活狀況，以安其心；二來可傾訴心中塊壘或思念情懷——而這常是懷思詩的主要作用，上詩就是典型的例子。以下舉夏菁與吳望堯二人為例，探討余光中與二人的深厚情誼：

（一）夏菁

余光中前詩所懷的三人中，以夏菁的年紀最長。他長余光中三歲，本名盛志澄，浙江嘉興人，1925 年出生，1947 年 6 月來臺。為美國科羅拉多州立大學森林和集水區研究所碩士，曾任農復會技正，1968 年應聯合國之聘，在牙買加服務，是聯合國糧農組織的水土保持專家。1984 年自聯合國退休後，任美國科羅拉多州立大學教授，長居美國。

夏菁是「藍星」詩社的發起人之一，1958 年 12 月，與余光中共同主編《藍星詩頁》（至 1965 年 6 月停刊，共 63 期）。其詩清朗溫和，淡而有味，在六〇年代，被稱為是「具有新古典主義傾向的詩人」。余光中曾有一詩，與之論詩價鄙賤之因，為友釋懷：

> 莫向我訴說天才的詩章
>
> 竟然是如此的賤價：
>
> 這世界原來是一個菜場，
>
> 誰教你菜市來賣花？
>
> 蘿蔔，芋頭，冬瓜和青菜，
>
> 最受市場的歡迎；
>
> 你這位花販偏偏只出賣
>
> 百合和康乃馨。
>
> （〈詩人和花販——給夏菁〉《天國的夜市》）

應物」（objective correlative）的理論：表達情意的唯一藝術方式，便是找出「意之象」，即一組物象，一個情境、一連串事件；這些都會是表達該特別情意的公式。如此一來，這些訴諸感官經驗的外在事象出現時，該特別情意便會馬上給喚出來。參見黃維樑，《中國詩學縱橫論》。（臺北：洪範書店，1977），頁 140。

此詩寫於 1955 年，正值臺灣百廢待興之際，經濟才是社會關注的焦點。所以菜市場的「蘿蔔，芋頭，冬瓜和青菜」是大家關注且歡迎的，因為它們是民生之根本；而花之於民生則可有可無，無關乎經濟大計，自然是少人青睞。詩人就是販賣「百合和康乃馨」的花販，落到乏人問津、賤價求售的境地，也就不足為奇了。

　　這是朋友互吐苦水的情境，表面上是為好友開解愁懷，實則亦在自我寬解。同為市場冷販，彼此慰藉，聊遣鬱懷。其沆瀣一氣、惺惺相惜之情，於此可見。

　　二十二年後，夏菁七十歲生日，余光中寫了〈燦爛在呼喚〉為其賀壽。詩中以圓形多層生日蛋糕比生命年輪，細數兩人平生交分，顯見其友情歷久彌篤：

> 你把生日蛋糕
>
> ……
>
> 一刀切開
>
> ……
>
> 向神祕的焦點
>
> 一九二五
>
> 探你生命的起源
>
> ……
>
> 島上豐沛的雨水
>
> 將我們灌溉
>
> 雙樹才交柯接葉
>
> 嚶嚶的共鳴
>
> 一呼一應
>
> ……
>
> 各自離心的方向
>
> 卻不時回首
>
> 島上少年
>
> 同心的時光

　　　　（〈燦爛在呼喚──寫在夏菁七十歲生日〉《高樓對海》）

詩中說兩人在樹輪的三十圈後，才如雙樹枝葉相接般「嚶嚶的共鳴／一呼一

應」，〔註4〕相互唱和。唯四十圈後，雙方各奔西東，卻仍不時地回首兩人在臺「同心」的時光。這個「同心」是年輪中心的鄉愁，詩人忍不住又向老友招喚：

　　而七十圈以後呢

　　……

　　燦爛在軸心呼喚

　　魂兮歸來

　　西方不可以止兮

　　（〈燦爛在呼喚——寫在夏菁七十歲生日〉《高樓對海》）

已七十圈的年輪，經風霜摧剝的樹皮，不久將凋敗枯盡。但是木心不朽，那一圈圈的年輪將化為光輪，成為光環。這說法仍似當年老友相慰互勉的話，只是更著意強調這光環最亮最燦爛的在中央軸心——它是生命的起源、「神祕的焦點」。這個生命的軸心在「呼喚」你「歸來，歸來」，「西方不可以止兮」。因為所有的生命「起點」，也正都是他們的「終站」。回來吧，詩人向朋友招手，勸其回「鄉」，回到每一圈年輪的核心——那個生命的起始點。這種亟盼老友回來相聚，重拾往日共吟時光之情，溢於言表。〔註5〕

　　臺灣解嚴、兩岸相通後，余光中改「地理鄉愁」為「文化鄉愁」，他以同心圓譬喻中華文化的散布：

　　我一直覺得我們的中華文化是一個大圓，圓滿，一個大圓。圓心無所

　　不在，圓規無處躲尋。那麼這個圓以什麼為半徑呢？就是以我們的母

　　語，就是中文為半徑。半徑能有多長，這個圓就能畫多大。〔註6〕

此詩喻切開的生日蛋糕似「鄉愁的橫斷面」，每一圈都圍繞著核心增生，就像樹的年輪也是圍著核心成長一樣。一輪接著一輪不斷地向外擴展，但卻離圓心愈來愈遠。居於美國的夏菁，其「地理的鄉愁」也應是愈來愈遠，而「文化的鄉愁」則應是愈遠愈大了。

　　（二）吳望堯

　　思念之情生，通常是因時、地、景、物的觸發所引起，也有因「事」而焦慮友人安危，亟盼獲其音訊者，余光中懷吳望堯便是其例。

〔註4〕「嚶嚶」喻朋友間志趣相投。《文選》謝瞻〈於安城答靈運〉詩：「華萼相光飾，嚶嚶悅同響。」

〔註5〕夏菁有〈你走後‧林中〉一詩贈余光中，收錄在《敲打樂》之附錄裡。

〔註6〕曹凌雲主編，《雁山甌水：余光中先生溫州行》。（北京：中國戲劇出版社，2011），頁78〜79。

　　〈植物園〉所懷的另兩位詩人——黃用與吳望堯——也都是藍星詩社的成員，兩人感情極好。黃用因余光中無單獨給詩，在此暫略不提。吳望堯，祖籍浙江東陽縣，1932 年在上海出生，1946 年來臺。淡江英語專科學校（淡江大學前身）畢業。六○年代赴越南經營化工廠而致富。1975 年越南赤化，資產悉數遭越共沒收，經臺灣友人奔走營救，終於在 1977 年返臺。1980 年舉家赴中美洲，退隱詩壇，晚年寓居宏都拉斯，2008 年 7 月過世。

　　吳望堯為臺灣五○年代現代詩壇的靈魂人物之一，是藍星詩社的重要成員。覃子豪譽之為有奇氣的「鬼才」；夏菁稱他是惡魔主義者的遊俠詩人；余光中則認為吳望堯能以現代科學思想，融入現代詩的想像中，另闢「科幻詩」之蹊徑，顯見其穎殊之才氣。

　　面對這樣一位有科學傾向的朋友，余光中寫給他的詩，也不知不覺地「科學」了起來：

　　　　患色盲的愛奧華之冬

　　　　總是給我白色的背景，

　　　　而我已倦於用畢卡索的七巧板

　　　　作幾何形的構圖。

　　　　常想去北極圈裡，

　　　　坐在子午線的焦點上，

　　　　看星座們的馬戲。

　　　　常想去太陽的赤道上，

　　　　臥軌自殺，也殺死追我的憂鬱。

　　　　常想沿離心力的切線

　　　　躍出星球的死獄，向無窮藍

　　　　作一個跳水之姿

　　　　（〈我總是無聊的——給望堯〉《萬聖節》）

這詩是 1959 年 3 月余光中寫給吳望堯的。此時正是余氏第一次赴美，在愛奧華大學進修的時候。在窮極「無聊」之際，向好友傾訴愁懷。所以劈頭就抱怨：這裡「沒有玩具」、「禁止遊戲」，背景是千篇一律白茫茫的雪景——單調而乏味的「白」。每天不是畢卡索的七巧板，就是幾何形構圖，日子一成不變，無聊透頂了。接著筆鋒一轉，向好友敞懷快吐：說好想到北極圈看星座

的「馬戲」、〔註7〕到赤道「臥軌自殺」，〔註8〕最好是「沿（著）離心力的切線」，把自己甩出地球，「向無窮藍」的宇宙，跳水一般地一躍而下，那該有多痛快呀。若非相交甚深，怎會如此暢快地傾懷訴愁。

「無窮藍」是藍空的抽象化，詩中用了許多自然科學的術語：「子午線」、「赤道」、「星座」、「離心力」、「切線」等等。把諸多自然科學術語用入詩中，不僅使詩極具現代感、富現代精神；這些抽象的線條，又使詩極富躍動性，於是抽象的反倒具體、鮮活了起來。這在余詩中是少見的。唯有在余光中的現代化時期，才能見到這麼「科學化」的余光中。

吳望堯有這種「科學」的傾向，詩人又或許是因吳望堯而刻意為之，所謂「以其人之道」「還寫」給其人，說明以文會友的切磋砥礪之功，但不能以模倣或影響視之。

1975 年 4 月 30 日西貢淪陷，越南政權轉移，成為共黨統治的越南民主共和國。吳望堯來不及逃離西貢，身陷險境。五月七日余光中寫了一首〈西貢——兼懷望堯〉（收在《與永恆拔河》），焦急地為友祈禱：

> 城破前輕翩翩那一羽航空信
>
> 硝煙毒霧闖得過戰爭？
>
> 關島，菲律賓，泰國邊境
>
> 祈禱該朝哪一方祈禱，眼睛？
>
> 海問和天問都是一樣
>
> 海是茫茫天是悠悠的蒼古
>
> 惡濤一千里喊你的名字
>
> 而除了藍無情的藍才是永久
>
> ……

詩人依常理推測：城破前縱使發出如輕羽的求救信，只怕闖不過戰爭的「硝煙毒霧」，信應該到不了外邊的世界。若是幸運逃離出境，現在是在關島？菲律賓？還是泰國邊境？這三地都有可能，就是不知道現在你究竟在哪裡？問茫茫大海，問悠悠蒼天，答案都一樣——永遠是「無情的藍」。天與海「永久」地「藍」在那裡，卻令人感覺「藍」得好「無情」。「無情」暗示其奔走打探，

〔註7〕因星座多以動物取象，有如馬戲團，故有此喻。
〔註8〕赤道嚴熱，好像太陽都在那兒，故云「太陽的赤道」，與愛奧華的冱寒，迥然不同。赤道為地球正中央的一條軌道，故視赤道為如火車軌道，在赤道上被太陽曬死，如「臥軌自殺」。

所得的回應總是無情的冷漠。這種煎熬滋味,只要是曾經苦苦等候的人都嘗過,可見其憂慮好友安危之焦切。

兩年後(1977 年),吳望堯終於歷劫歸來。十一月余光中寫了〈赤子裸奔——迎望堯回國〉(收在《與永恆拔河》),將兩年來焦急苦盼的心境傾懷吟吐。從「受傷的圖片」、報紙「難民變形的臉上」,他想像得到老友在硝煙戰火中的驚惶,以致夜夜「煎來炙去的夢魘」,不斷地:

> 伸過來,一隻敏感的手
> 詩人的手,早年勤墾過邊荒
> 獵過靈感,探過星象
> 朋友的手,握過我年輕的手
> 扶過我新娘,抱過我稚嬰
> 印滿記憶,那手的指印
>
> 那手伸過來,我怎能不回答?
> 那手,握多少憂慮的掌紋
> 碎玻璃和彈片,握一掌驚魂
> 一掌冷汗與熱血
> 一掌算不算自己的命運
> 我怎能不伸手去接應

此詩以一隻向自己伸過來的手取象,不斷地重複「一隻……手向我伸過來」,寫手就是寫人。他直寫那隻手是「詩人的」、「敏感的」手;是墾邊荒、獵靈感、探星象的手;是握我手、扶我新娘、抱我稚嬰、指印印滿我記憶的手。兩人熟稔之程度,由此可見。這隻手在好友遇劫的時候,每晚在夢中向自己伸過來,豈有不接之理?終於:

> 他赤裸裸奔過來
> 他猛踢黑暗一窟窿
> 成中秋的月亮
> 成臺北的月亮
> 他是裸奔回家的赤子

余光中視好友這兩年的磨難,為煉獄的淬鍊,而今他一腳踢開甕黑的地獄,是一種嶄新的重生,重生的他如中秋銀白的月亮,光潔地「裸奔回家」,故名之曰「赤子裸奔」。好友歷險歸來,詩人是這樣地祝福好友浴火重生,把一切的

苦難與不幸忘掉，重新開始。

　　余光中極喜歡將衝破艱難，比為踢黑暗一窟窿，〈詩人——和陳子昂抬抬槓〉的最後三句：

　　　　永遠你領先一肩

　　　　直到你猛踢黑暗一窟窿

　　　　成太陽

這種一腳踢開的動作，既產生猛然踢開的強力動感，又有瞬間「破」暗洩光的視覺效果，故而能在讀者腦中產生極為鮮明的意象。〔註9〕

（三）周夢蝶

　　藍星詩社不宣揚任何主義，也沒有固定的宗旨，他們強調創作的自由，容許詩社成員不同的想法，算是頗有包容度的詩社。

　　在與臺灣朋友的贈答詩中，余光中雖不離鄉情、志業，其中對生命、自由的探索與對死亡的辨證，也是這類贈答詩中的較多的一項，時間又多在詩人寫《在冷戰的年代》時期。此時正是詩人「三十九年，和世界瘋狂的激辯」，自認為是「大輪之間裝飾幾次小贏」的見證，茲舉其與周夢蝶之論自由，與羅門談生死觀為例，以說明這時期詩人與詩友贈答論證之特色。

　　周夢蝶，本名周起述，1920 年生，河南省淅川縣人。開封師範、宛西鄉村師範肄業，後來加入青年軍。1948 年隨國軍來臺，1956 年退伍，當過書店店員。1959 年在臺北市武昌街明星咖啡廳門口擺書攤，直至 1980 年因胃病開刀，才結束二十一年的書攤生涯，蟄居新店五峰山下，參禪寫詩。2014 年 5 月 1 日，因多重器官衰竭病逝，享壽 94 歲。余光中有〈送夢蝶〉一詩（收在《太陽點名》），為之送別：在「暝色」中，在「用黃銅深長的咽喉／吹奏送別的低調」中，他「低調」地走了：

　　　　孤獨王國九十四年後

　　　　終於降下了半旗

　　　　……

　　　　九重天上，一重一重

　　　　城闕開閉的聲音

　　　　所有天使都加了班

〔註 9〕余光中《萬聖節》之附錄，附有吳望堯贈詩二首。

孤獨國王昇天了，他結束了苦情與苦修，一重一重地到了最上層的天堂，你沒看，天使們忙得加班呢。

周氏寫詩始於 1952 年，主要是刊在《中央日報》、《青年戰士報》副刊。後來加入藍星詩社，第一本詩集《孤獨國》即由該詩社發行。其詩富佛理禪味，曾獲中國文藝協會新詩特別獎、笠詩社詩創作獎、中央日報文學成就獎、第一屆國家文化藝術基金會文藝獎、中國詩歌藝術學會藝術貢獻獎等，其詩集《孤獨國》被選為 1999 年「臺灣文學經典」。

他刻苦安貧，篤信佛理，以參禪、寫詩為其終身之志業。早年在臺北武昌街擺舊書攤，賣二手舊書刊：

　　你要廉價的夏菁嗎？　我有〔註10〕
　　你要風漬的瘂弦嗎？　我有
　　靈感也打打折扣，桂冠也廉售
　　……
　　背街面壁，生意不問問禪機
　　（〈孤獨國〉《天狼星》）

書攤就是他的王國，在那一方狹窄的國度裡，余光中用反襯手法，說它比葫蘆還小，卻比天地更大；因為周夢蝶（「我」）把：

　　堅冷的水門汀坐成蒲團〔註11〕
　　無根的電桿木叱成菩提樹
　　我是一尊者，片葉渡海
　　孤獨為國，比乾坤為大，比葫蘆為小
　　垂眉盤腿，無視千履與萬鞋
　　許多鞋踩過我邊界，留下塵埃

〔註10〕 據白先勇回憶說：「當時《現代文學》常常剩下許多賣不出去的舊雜誌，我們便一包包提到武昌街，讓周夢蝶掛在孤獨國的寶座上，然後步上明星的二樓，喝一杯濃郁的咖啡，度過一個文學的下午。」這裡的「明星」是指「明星咖啡屋」，在臺北市武昌街一段七號，一樓是「明星麵包店」，二樓才是咖啡屋，時間從 1949～1989 年。它被稱為「臺灣藝文搖籃」，許多詩人墨客、畫家、藝術工作者來此聚會，或高談闊論，或埋頭寫稿，為臺灣文化史的重要一頁。周夢蝶就在樓下的騎樓擺舊書攤，長達 21 年之久，當時許多大陸的禁書常就擺放在其中，故而被稱為「地下文學院院長」，其第一本詩集為《孤獨國》，因此又被稱為「孤獨國國王」。因長期在戶外，曾昏倒好幾次。（見行政院文化建設委員會【臺灣大百科全書】2012.7.15（網址：http://taiwanpedia.culture.tw/web/content?ID=4618））
〔註11〕 「水門汀」指水泥或混凝土，是英文 cement 與上海方言的混合詞語。

我的鞋卻泊著，哪，就在你面前

野渡無人的一種姿態

（〈孤獨國〉《天狼星》）

他孑然一身地渡海來臺，如尊者「片葉渡海」。「垂眉盤腿」地「趺坐」在武昌街的水泥地上，水泥地就是他的「蒲團」，電線桿被他「叱成」菩提樹，鞋似舟地「泊」在路人面前——完全無視踩過他邊界的鞋，全然是一種「野渡無人舟自橫」的姿態。

　　這樣的清貧苦修，普遍得到詩友的敬重。余光中形容其苦吟的情形酷似寒山與賈島：〔註12〕

就這麼坐著，坐著東方

武昌街倚成一窟敦煌

坐出一點中唐的氣象

就這麼塵埃和市聲裏靜坐

……

韓京兆的轎子不來，我推敲我的

衣缽是寒山還是賈島？

韓京兆的高軒不到，我嘔瀝我的

（〈孤獨國〉《天狼星》）

他嘔心瀝血地苦吟，又禁慾飢腸地苦修，嘗引奈都夫人語，〔註13〕欲「以詩的悲哀征服生命的悲哀」，〔註14〕但余光中質疑：

詩的悲哀能征服生命的悲哀？

……

一句新詩琢成舍利子

此外無非是夢，夢花不黏身

〔註12〕有關余光中對周夢蝶詩的評價，可參見余光中，〈一塊彩石就能補天嗎——周夢蝶詩境初窺〉《余光中談詩歌》。（南昌：江西高校出版社，2003），頁202～206。

〔註13〕奈都夫人（全名沙拉金尼‧奈都，Sarojini Naidu，1879年～1949年），印度政治家、女權運動者及詩人，被譽為印度之南丁格爾和印度獨立運動之自由鬥士（Freedom fighter）。她是印度第一個任國大黨主席的女性，也是印度第一位任邦行政的女性長官。

〔註14〕周夢蝶在其詩集《孤獨國》的扉頁上，引奈都夫人的話為題辭：「以詩的悲哀，征服生命的悲哀」，這句話可概括他的創作心境和藝術風格，故而被論者歸為是承繼納蘭性德、黃景仁、蘇曼殊、李叔同、周棄子等一脈而來的詩人。

　　莊周夢蝴蝶，蝴蝶夢莊周

　　真真幻幻兩棲的靈魂

　　（〈孤獨國〉《天狼星》）

余光中形容這位詩友的靈魂是「兩棲的靈魂」──既「真」且「幻」，似假又
真。好像「莊周夢蝴蝶」與「蝴蝶夢莊周」是一樣的──生即是死，死即是生。
這樣子看待生死，把生死等同的態度是超然的。以前正受現代主義影響的余光
中，對生死也是順從與接受：

　　十二月的晚空下，靈魂癱瘓著，

　　──劫後的死城，

　　……

　　是的，一切都倒了，一切矗立的光榮

　　都不能抵抗

　　　　泥土的呼喚。

　　只有零落的斷碑上仍刻著

　　一些斑剝的文字，誘行人

　　　　以苔的新綠

　　（〈廢墟的巡禮〉《鐘乳石》）

〈廢墟的巡禮〉寫於 1958 年，正是詩人受現代主義影響的時候。他雖用自然
主義的寫法，理性、客觀地描寫死亡是一種自然現象，任何事物都「不能抵
抗」；但是詩末說，斷碑上斑剝的文字，以「新綠」的「苔」在引誘著行人，
顯然是在暗示生命與現實的疏離和死亡的魅力，這正是現代主義所強調的疏
離與虛無──一種對生存的冷漠。余光中在這裡雖對生死，沒有直接做價值判
斷，但受現代主義的影響是極明顯的。

　　可是《在冷戰的年代》的余光中，這想法他就不能認同了：

　　我壯年的靈魂在內憂外患下進入了成熟期，不但敢於探討形而下的
　　現實，形而上的生命，更敢於逼視死亡的意義。〔註15〕

1967 年 5 月 30 日，他寫了〈蠋夢蝶──贈周夢蝶〉（收在《在冷戰的年代》），
用自己的經驗，辨證生與死的「自由」是不同的。死後的「絕對自由」與生時
相對的「自由」，在「自由的意義」上，它們並不等同：

　　沒有甚麼是絕對的自由，除非

　　　　　　─────────────

〔註15〕余光中，《在冷戰的年代‧新版序》。

　　　　那錦翅飛走，自洞黑的口中

人只要活著就沒有「絕對的自由」，要有「絕對的自由」，除非蝴蝶從「洞黑的口中」飛走，〔註16〕否則，只要活著就不可能有「絕對的自由」，除非是在夢中：

　　　　不自由的靈魂要絕對的自由。　夢

　　　　一半的自由只是，另一半，是詩

　　　　夢是詩未實現，未實現

　　　　就死去，而詩，夢的標本

　　　　睜眼，在現實的催眠下奇異地完成

　　　　可撫摸的，一種凝定的翩躚

我們活著，這「不自由的靈魂」要得到「絕對的自由」，唯有從夢中去尋；在夢境中我們才可以得到「絕對的自由」。二十世紀著名的心理分析學家佛洛姆（Erich Fromm 1900～1980），這樣描述人的睡眠狀態：

　　　　當我們在睡眠的時候，我們不會使外在世界屈從我們的目的。我們是無能為力的，因此睡眠被正確地稱為「死亡的兄弟」。不過我們也是自由自在的，比醒覺時更自由。我們不必再承受工作的重擔，不必再實施攻擊或防衛活動，不必再注意和控制現實。我們不必再注意外在世界，只觀察自己的內心活動，孤高地只思考自己。我們在睡眠的時候，也許是胎兒，也是像死屍。我們也許是天使，而不為「現實」的法則所支配。在睡眠狀態中，必然的國度讓位給自由的國度，「我是」（I am）成為思想和感覺相關的唯一系統。〔註17〕

卸下所有的武器與防衛機制，在睡夢中「我」是唯一的主角，「我」得到完全的自由；而生命中，另一半的「絕對自由」，就「是詩」了。夢是未實現的詩——因為夢尚未實現，「我」就醒了，「夢」就死去了。詩讓夢復活，所以詩人譬喻「詩，（是／像）夢的標本」，是作者睜著眼睛，「在現實的催眠下奇異地完成」。覃子豪也說過詩有夢幻的意味：

〔註16〕余光中在此詩前面有一小序，為此典故先做說明云：「希臘人以靈魂為蝶，自垂死者口中飛出。基督徒以凡軀為蝎，死而成蝶，是為靈魂。昔者莊周夢為胡蝶，栩栩然胡蝶也，自喻適志與，不知周也。俄然覺，則遽遽然周也。不知周之夢為胡蝶與，胡蝶之夢為周與。」

〔註17〕佛洛姆（Erich Fromm）著、葉頌濤譯，《被遺忘的語言——夢的精神分析》（*The Forgotten Language*）。（臺北：志文出版社，1971 初版，1994 再版），頁 33。

詩本身有一種夢的氣氛。不獨如此，凡屬藝術均有夢的氣氛存
在。……詩是富於夢幻的魅力，即是使讀者是在朦朧中窺見真實，
而詩人則將真實藏於如夢如幻的境界中。因為，詩的世界不是現實
的世界，而是詩人美化的世界。〔註18〕

所以余光中說詩是具體的、「可撫摸的」，是「一種凝定的翩躚」。兩位詩人對
詩的體認，在此可以相互印證。這種對寫詩是「絕對自由」的體認，早在 1954
年，詩人就寫曾過：

詩是靈魂的一封信，

……

無論他是去地獄探險，

　或是去天堂遊歷，

當時途中的奇妙經驗，

　他完全記在信裡。

（〈詩〉《天國的夜市》）

詩是他靈魂的遊歷記錄——不管是在夢中，還是在現實的催眠下——從此他
手中握著藍墨水，享受這絕對的自由：

五千年的這一頭還亮著一盞燈

四十歲後還挺著一枝筆

已經，這是最後的武器

……

壯年以後，揮筆的姿態

是拔劍的男士或是拄杖的傷兵？

是我扶它走或是它扶我前進？

我輸它血或是它輸我血輪？

（〈守夜人〉《白玉苦瓜》）

這樣的激問，實則正是詩人的不疑。他已清楚地掌握自我，他手中握著筆，筆
與自我是生命一體的兩面，是一而二，還是二而一，答案已被烘托出來。詩人
自稱是「最後的守夜人守最後一盞燈」，他樂於做這樣的守夜人，既能享受生
命的自由燈火，復又「為撐一幢傾斜的巨影」——這「傾斜的巨影」應是指整
個中國詩的延續。

〔註18〕覃子豪，《論現代詩》。（臺中：曾文出版社，1982），頁 60。

　　所以生與死的自由是不一樣的，莊周的「逍遙遊」是生的自由，不是死後的「絕對自由」：

　　　　於是逍遙遊是逍遙遊

　　　　你是你，你曾是你，是蠋，是蛹

　　　　但分裂不是自由，是減少

　　　　是蠋的被棄，蝶的遁逃

當人死去，靈魂或如蠋之凡軀，蛻化成蝴蝶，從「洞黑的口中」飛走，得到「絕對的自由」——這時候「你是你」。這個「你」，曾「是蠋，是蛹」、「曾是你」。這個「曾是你」的「你」，不是死後絕對自由的「你」，因為「分裂不是自由，是減少」，是「蠋的被棄，蝶的遁逃」。蝴蝶才是夢境中的「你」，是「逍遙遊」中的「你」，不是死後的「你」。所以「逍遙遊是逍遙遊」，「你是你」。死後獲絕對自由的「你」，不是莊周逍遙遊中的「你」。他們容或有些相似，但兩者絕非同一個主體，所以是不同的。「蠋夢蝶」就是凡軀的蠋在夢中化為蝶，像莊周夢蝶那樣：

　　　　莊周的午睡裏飛著胡蝶

　　　　睡者寤時，胡蝶就斂翅

人死後，蝶是「自洞黑的口中」飛走的，是從蠋、蛹中「分裂」出來的，所以它不只含「分裂」之義，還含有「減少」一義——蝶放棄了蠋之凡軀，化蝶逃遁去了。

　　「蠋夢蝶」便是人活著所謂的「自由」，只要自睡夢中醒寤，蝴蝶就「斂翅」不飛，消失了：

　　　　蠋夢蝶。　　這便是自由的意義

　　　　無限自有限開始，不朽，由此去

　　　　而蠋啊，不可忍的醜陋要忍受

大凡「無限」皆「自有限開始」；「不朽」也由此「有限開始」，我們這如蠋、如蛹的有限凡軀，就要忍受這「醜惡」的外形、「五呎三吋」長的「焦灼」、「一百零幾磅」重的「憂煩」，因為：

　　　　一扇窄門，一人一次僅容身

　　　　一切美的，必須穿過

　　　　凡飛的，必先會爬行

　　　　（〈蠋夢蝶〉《在冷戰的時代》）

這首詩不但肯定生存的價植，對生死的「自由」意義，也辨析得相當深入，可說是詩人在《冷戰的時代》心靈辯證的代表作。

詩人積極地肯定生存的意義與生命的價值，這種對死亡的否定，同年九月，也出現在詩人贈羅門的詩中。

（四）羅門

羅門，本名韓仁存，祖籍海南島文昌，與余光中同齡，2017 年 1 月 18 日逝世。1949 年來臺，1955 年加入藍星詩社。1962 年與蓉子合編《藍星詩頁》，其後任藍星詩社社長、國家文藝獎評審委員、世界華文詩人協會會長等等。他是藍星詩人中最具前衛色彩的一員，被譽為是臺灣「都市詩及戰爭詩的巨擘」，也是八〇年代以來，臺灣最具思想家氣質的前衛詩人。〔註 19〕他曾在《羅門詩選》自序中，分述其作品的六項內涵，〔註 20〕其中「表現對死亡與時空的默想」，是他極關注的主題。

討論生與死的問題，是現代主義的主題之一。在存在主義的風潮下，許多詩人探討「存在」的意義，在詩中他們焦慮地問著：「是生存？還是毀滅？」「選擇生？還是選擇死？」「生有何意義？」「死有何價值？」他們所詠歎的，大多是對生命的失落與絕望，顯現的影像是模糊的，帶著孤絕、陰鬱的美。藍星詩社的創始人覃子豪之死，觸發羅門對死亡的深層思考，1963 年 11 月，羅門在《文星》發表〈死亡，它是一切──悼覃子豪〉，〔註 21〕1967 年 9 月，余光中答羅門，堅信死亡不是生命的目的，死亡不是一切：

> 死亡，它不是一切
> 因為我的柩車不朝那方向
> ……
> 我要的是歡迎，不是送行的哀樂
> ……
> 必然，我為狀甚狼狽，像風後
> 像風後，吹空的，一株蒲公英

〔註 19〕見鄭明娳，〈新詩一甲子〉一文。

〔註 20〕羅門在《羅門詩選》自序中，曾分述其作品有六項內涵：1. 透過戰爭的苦難，追蹤人的生命；2. 透過都市文明與性，探討人生；3. 表現對死亡與時空的默想；4. 透過對自我存在的默想，表現生命感；5. 對大自然的觀照 6. 其他存在情境的探索。

〔註 21〕見《文星》13：1，（1963），頁 78。

但蒲公英說，飛揚在四方，我已經

殯儀館和博物館的牆外

向風的地方，就有我名字

死亡，你不是一切，你不是

因為最重要的不是

交什麼給墳墓，而是

交什麼給歷史

（〈死亡，它不是一切──兼答羅門〉《在冷戰的年代》）

「你不是」！「你不是」！這麼堅決的語氣，詩人斬釘截鐵地告訴羅門，他生命的方向是向著「歷史」，不是走向「墳墓」。日後當柩車出發的時候，「我要的是歡迎，不是送行的哀樂」。他要被歡送地走進歷史，雖然軀骸已如蒲公英般被「吹空」，「狀甚狼狽」；但它「飛揚在四方」，只要是「向風的地方」，不管是「殯儀館和博物館的牆外」，都有它的芳踪。也就是說，只要有詩的地方，就有「余光中」三個字；「余光中」是走進「歷史」，而不是走入「墳墓」──「墳墓」埋葬肉體生命，但「余光中」是文學的生命，文學不死，仍在歷史中，不在墳墓裡。

詩人以蒲公英為喻，譬喻自己死後，也要像蒲公英一樣，只要有歷史的地方，只要「四方」有風、他都要飛揚在那裡。他一生的努力，不交給墳墓，而是交給歷史。他堅信文學不死，只要人類的歷史還在，他就仍在「飛揚」，死亡終結的是肉體生命，不是文學生命：

詩人的身份證是他的作品，而不是他的生活，尤其不是這種虛無的

不生不死。〔註22〕

所以他否定羅門的說法，認為「死亡，它不是一切」──詩是詩人一生的志業，正如十九世紀英國詩人柯利（W.J.Cory）詩云：

死亡帶走一切，

但夜鶯愉悅的歌仍留在大地上。〔註23〕

這是余光中對自己價值的認定，也是他「生存」的目的。

〔註22〕余光中，〈幼稚的「現代病」〉《掌上雨》。（臺北：大林出版社，1970），頁 150。

〔註23〕此詩句原文為：「Still are thy pleasant voices, /thy Nightingales awake, /For Death, he taketh all away, /but them he cannot take.」參見湯晏，《民國第一才子錢鍾書》。（臺北：時報文化出版企業股份有限公司，2001），頁 399、402。

孔子說：「未知生，焉知死。」儒家對「死」，存而不論，只論積極地「生存」——只有活著才有意義，可見余光中也是儒家的這種基調。生命結束之後，就完全沒有了嗎？1991 年，詩人用佛、道的哲理，解決這個問題，仍是一樣抗議的態度：

> 任你，死亡啊，謫我到至荒至遠
>
> ……
>
> 任你，死亡啊，貶我到極暗極空
>
> ……
>
> 也不能阻攔我
>
> 回到正午，回到太陽的光中
>
> （〈五行無阻〉《五行無阻》）

方法是：在春耕翻破凍土時「土遁」回來，或鶴嘴啄開礦石時「金遁」回來，或鋸齒咬樹漿時「木遁」回來，或霹靂搠下金叉時「火遁」回來，甚至在高高的潮水激起碎浪時「水遁」回來。余光中認為靈魂是要輪迴的，生命還會回來，他可以靠五行回來。若五行都被攔住，插下了寨旗：

> 也阻攔不了我突破旗陣
>
> 那便是我披髮飛行的風遁
>
> 風裏有一首歌頌我的新生
>
> 頌金德之堅貞
>
> 頌木德之紛繁
>
> 頌水德之溫婉
>
> 頌火德之剛烈
>
> 頌土德之渾然
>
> 唱新生的頌歌，風聲正洪
>
> 你不能阻我，死亡啊，你豈能阻我
>
> 回到光中，回到壯麗的光中
>
> （〈五行無阻〉《五行無阻》）

無論如何，即使已入老境，面對死亡，詩人也絕不認輸。他已先用昂揚的新生頌歌，向死亡示威挑戰了。

然而存在主義大師海德格，則是另一套說法，認為人如不知「死」，則不能真知「生」：

　　死是超經驗的。我之死對於我，不在經驗中。但我知道，死是人生
　　的終結。人生即向此終結而趨之歷程。……叔本華所謂：人生如拼
　　命的駛舟前進，經了無數的風波之危。而一切危險經過後，卻是準
　　備在死之礁石前，全舟粉碎。〔註24〕

知「生」之必「死」，才能超拔於世俗，知道生命的有限性，從而認真看待生
死，無懼於死的威脅，坦然面對，這是存在主義所以積極談論「死亡」的原因。
唯其末流，只知論死，不知愛生，余光中名之為「惡魔派」的現代詩：

　　我看透了以存在主義（他們所認識的存在主義）為其「哲學基礎」，
　　以超現實主義為其表現手法的那種惡魔，那種面目模糊，語言含混，
　　節奏破碎的「自我虐待狂」。這種否定一切的虛無太可怕了，也太危
　　險了。〔註25〕

余光中認為這種否定的生命哲學，適合處理人性的變態，卻不能處理人性的常
態；只見生活的醜陋面，不見生活的美好面；只見人生的衝突與矛盾，不見人
生的和諧，其路途將越走越窄，終至題材枯竭而死，余光中堅決反對晦澀與虛
無，其原因也正在此。

　　余光中與羅門的答贈詩中既談志業，也說鄉情。羅門所以取「羅門」為筆
名，是為了紀念母親──母親姓羅。他與母親見的最後一面，是在 1948 年即將
來臺的前一年，此後音訊全無。四十年後（1988 年），他重返海南，但母親早已
在二十多年前過世了。這遺憾羅門把它寫在詩裡，用詩句訴說他的鄉愁，這一
點是與余光中相同的。離鄉的愁懷、思鄉的愁緒與同說鄉情的暢意，應是他們
常有的話題。1984 年羅門訪港，余光中夫婦帶他至船灣淡水湖的長堤觀海：

　　一道白堤界分了水藍的世界
　　裏面是淡水湖，外面是海
　　淡的是香港四月的雨水
　　鹹的是中國悠悠的海波
　　襯著遠去的渡船
　　為你照一張堤上的立姿
　　帶回島上給蓉子

〔註24〕　唐君毅，〈海德格〉；收在陳鼓應編，《存在主義》。（臺北：臺灣商務印書館，
　　　　　1967 初版，1983 增訂九版），頁 138。
〔註25〕　余光中，〈從傳統詩到現代詩〉《掌上雨》。（臺北：大林出版社，1970），頁 184。

> 告訴她：右頰的湖光
> 是三十年的友情淡而永
> 左頰的海色
> 是五千年的鄉情鹹而濃
> （〈堤上行——贈羅門之一〉《紫荊賦》）

先以白堤分鹹、淡兩個水世界。再以友人兩頰的光色，喻友情與鄉情，鹹濃的鄉情與淡如水的友情，對比鮮明而有味。這淡而有味的交情，其中還有著共同的童趣——打水漂兒，於是余光中又帶著老友，到鹽灶下對著鷺洲打水漂兒：

> 在清淺的水邊俯尋石片
> 你說，這一塊最扁
> 那撮小鬍子下面
> 綻開了得意的微笑
> 忽然一彎腰
> 把它削向水上的童年
> 害得閃也閃不及的海
> 連跳了六、七、八跳
> 你拍手大叫
> 搖晃未定的風景裏
> 一隻白鷺貼水
> 拍翅而去
> （〈漂水花——贈羅門之二〉《紫荊賦》）

打水漂兒是許多人共同的童年回憶。同溫童年回憶，讓石片一片片「削向」那個水上的童年，回到那個如童話仙境般的童年——童年是我們夢中的童話——於是那仙境中，有一隻仙鷺「貼水拍翅」飛去。此詩將友人的特徵、動作及大海閃躲不及的反應，都寫得相當生動。那「搖晃」的動態畫面，襯以白鷺的閒靜，動中有靜，靜中有動，兩者相映成趣。

二、其他詩社的詩友

（一）鄭愁予

抒寫懷思情懷，除上節藍星詩友之因事、因地起思外，尚有因歲時而興懷者，其〈小招——歲暮懷愁予〉就是一例。此詩副標題題曰：「歲暮懷愁予」，

寫於 1972 年 11 月 24 日，余光中除《天狼星》外，甚少在詩中評價他人的詩
——尤其是朋友，〈小招〉則是例外。

　　鄭愁予，本名鄭文韜，祖籍河北寧河，1933 年在山東濟南出生，1949 年
來臺。中興大學統計系畢業，1968 年赴美攻讀美國愛荷華大學藝術碩士。先
後任美國愛荷華大學東方語文系講師、耶魯大學東亞語文學系教授、《聯合文
學》月刊社社長、美國耶魯大學終身駐校詩人及榮休教授、中國青年寫作協會
總幹事。2005 年 6 月 24 日落籍金門，受聘為金門技術學院（2010 年改制為金
門大學）閩南文化研究所兼任教授。

　　其詩充滿浪子情懷，又多家國之思，情感細膩而豐富。詩集《鄭愁予詩集
Ⅰ》被列為「影響臺灣三十年的三十本書」之一，是唯一被選入的詩集。他獲
獎無數，1995 年獲國家文藝獎。瘂弦評其詩曰：「飄逸而又矜持的韻緻，夢幻
而又明麗的詩想，溫柔的旋律，纏綿的節奏，與貴族的、東方的、淡淡的哀愁
的調子，這一切造成一種魅力，一種雲一般的魅力。」余光中則改以「炊煙」
形容其詩之魅力：

　　　　那浪子，像所有的浪子一樣
　　　　結局是清麗的失蹤
　　　　絕句絕，酒罋空
　　　　只留下炊煙嫋嫋的一縷美名
　　　　繚繞他昔日的夢境

「炊煙」是余光中對技藝，已由凡俗臻入仙境所用的意象，至今獲余光中以
「炊煙」喻之者，僅有劉鳳學舞、張萬明箏與鄭愁予詩三者而已。

　　　　北回歸，一個人在天涯未回歸
　　　　鷗在堤外，港在雨裏
　　　　從前有一個島，叫什麼名字〔註26〕
　　　　似乎他已忘記
　　　　他在時防波堤不覺得怎麼寂寞
　　　　北佬的鄉音南人的灑脫
　　　　他的詩是仙人才生的病
　　　　把火車倒騎成一隻鶴

〔註26〕這裡所說的「島」是指臺灣。

> 基隆到臺北只一驛雲〔註27〕
>
> 那浪子，如今異國的江湖上飄流
>
> 吟失詩伴，飲無酒友
>
> 又是耶誕近時
>
> 他把心事深深都踩成雪上的靴印
>
> （〈小招──歲暮懷愁予〉《白玉苦瓜》）

余光中在此詩中，用詩、酒、靴子、浪子，為鄭愁予造像。詩人描述這位好友，就「像所有的浪子一樣」，「清麗的失蹤」了。只留下一「縷」似炊煙的美麗詩名，悠悠、嫋嫋地飄在空中。「清麗」、「炊煙嫋嫋」是詩人對這位好友之詩所下的評語。他形容好友這樣的詩「是仙人才生的病」──仙人生病了，才會有紅塵俗世的情懷，才會做出那樣「嫋嫋」有仙氣的詩來。他的詩──他的「心事」──又像飛鴻踏雪泥般，飄逸的足跡深印在雪地上──而他則是用那雙陪他浪跡天涯的靴子「踩成」的。這形容給予鄭愁予極高的評價，連他坐火車從「基隆到臺北」，也說成是「把火車倒騎成一隻鶴」，簡直視他為現代詩的李白了。〔註28〕

（二）管管

《天狼星》中的〈大武山〉，余光中在 1976 年修訂時附註說：

> 大武山：在金門。此章之「我」為現駐金門二位現代詩人之疊影。

這裡所謂的「駐金門二位現代詩人」，據余光中自述為管管與辛鬱。崛起於五〇年代的臺灣詩壇，管管是形象最特別的一個，他不僅作詩、寫散文，也畫畫、演戲──曾演過〈超級市民〉、〈六朝怪談〉、〈策馬入林〉等二十多部電影及舞臺劇〈暗戀桃花源〉──是一位多方位的藝術工作者。

管管本名管運龍，1929 年生，山東青島人，年輕時被抓去當兵，〔註29〕來臺後繼續在軍中任職直到退役。退役後專心致力於藝術創作，2021 年 5 月

〔註27〕鄭愁予在大學畢業後，曾在臺灣的基隆港務局工作多年。

〔註28〕可參見余光中，〈戲李白〉（寫於 1980.4.26，收在《隔水觀音》）、〈尋李白──痛飲狂歌空度日，飛揚跋扈為誰雄〉（寫於 1980.4.27，收在《隔水觀音》）、〈念李白──我本楚狂人／鳳歌笑孔丘〉（寫於 1980.5.8，收在《隔水觀音》）、〈與李白同遊高速公路〉（寫於 1985.11.13，收在《夢與地理》）以及〈五陵少年〉（《五陵少年》）、〈狂詩人──興酣落筆搖五嶽，詩成嘯傲凌滄洲〉（《五陵少年》）等諸詩。

〔註29〕其被抓經過，可參見龍應台，〈管管你不要哭〉《大江大海一九四九》。（臺北：天下雜誌股份有限公司，2009），頁 81～85。

1 日過世，享年九十二歲。他曾是《創世紀》雜誌社長。其反理性、超現實的創作風格，往往使詩中意象達到令人驚愕的效果，酣暢痛快，有老頑童式的天真與浪漫。強調不管醜俊，「真」便是美，以此建立他獨特的風格。〔註30〕在〈大武山〉詩中說他煙、酒不離：

> 高粱是憂鬱的特效藥
>
> 安慰愁腸，斷不了愁恨
>
> ⋯⋯
>
> 唯有飲者像我才留名
>
> 煙兄酒弟高適與岑參
>
> 地上亮誰的一截煙頭
>
> 無寐對縱橫的星斗？
>
> （〈大武山〉《天狼星》）

以濃酒空慰愁腸，讓煙頭無言地與星空相對，這小大的對比，凸顯弱小個體被大環境壓迫的無奈與孤憤之情。

　　1982 年，余光中再以〈孤松──贈答管管〉一詩，詳繪孤松之孤絕高骨，肯定管管的人品。詩人形容這孤松生於「海拔千仞」的絕壁：

> 陡峭峭兀鷹也歇不下爪的絕壁
>
> 這一大盤翻騰的傲骨
>
> 比寄根的石胎更加頑固
>
> 偏偏要倒拔而生

松枝「蟠蜿」如龍「一大盤翻騰的傲骨」。它非低垂俯墜，往絕谷生長，反是「倒拔而生」，頑強的生命比寄生的絕壁還強硬、頑固。這種處惡境仍不減生機，在〈大武山〉有一樣的描述：

> 蟠蜿在山的迴腸裡，出入新石器時代
>
> 炮嘯為節奏，海為背景
>
> 千畝綠油油從頑石裡迸開
>
> 能伸能屈在地下，依然能擁有
>
> 風雲和氣象，頭條標題和歷史

〔註30〕作家白靈曾說：「這世上要是有什麼不可少的詩人，管管必然是其一。他的詩絕、他的人絕、髮絕、衣絕、裝扮絕、表情絕、說話絕、唱腔絕、肢體動作絕，七十歲得子，絕；如今畫陶畫詩，佳作迭出，更是一絕。他對兩岸詩壇的詩人而言，永遠是站在高處準備為大家醍醐灌頂的那一位。」

　　　　水中之石石中的意志，至堅至純

　　　　⋯⋯

　　　　⋯⋯立在最高的峰巔

　　　　怪石削壁，數我最嶙峋

　　　　數我最堅挺，稀金屬一般強硬

　　　　我是一尊傷心的石像

　　　　塑凝神的立姿在大武山上

　　　　（〈大武山〉《天狼星》）

說管管在新時代的大武山出出入入，「蟠蜿在（大武）山的迴腸裡」，能屈能伸。仍從頑石中迸出「千畝綠油油」，「迸開」一詞很符合從地道鑽跳出來時的感覺。這種蜿蜒蟠繞的意象，與孤松「翻騰的傲骨」「蟠蜿待發的迴探之姿」正相吻合。孤松自陡壁倒拔直立而生，與「千畝綠油油從頑石迸開」，從絕處逢生的意象亦相同。比之為最嶙峋的「怪石削壁」、最堅挺如稀有金屬般的強硬，與「比寄根的石胎更加頑固」，其意亦相同。這一尊「當風」立在大武山上的石像，與深谷絕壁「颯颯」「狂飆」中的孤松，又何等相似的「剛毅」：

　　　　颯颯的每一陣風過處

　　　　蟠蜿待發的迴探之姿

　　　　一層層的鱗甲都掀動

　　　　怎樣的琴操召來怎樣的狂飆

　　　　才奏出剛勁若此的情操？

「琴操」雙關「情操」，「琴」即〈大武山〉說的「胡琴」：

　　　　清明的雨帽，中秋的胡琴

　　　　我的鄉思與韓愈很親近

　　　　我的魂魄與蘇軾等遠

　　　　（〈大武山〉《天狼星》）

這樣「剛勁」如狂飆之情操，蛇鼠不近，群猴絕跡，庸俗遊人的「刀刑」也不能近身，只有浮雲與之遊，只有狂飆與之近，人跡既少：

　　　　一粒松子落下去

　　　　——那淡遠的清香

　　　　不知要等到多少個世紀

才隨九迴的澗水

流傳到世間？

詩人為這位朋友未能大顯於世，流露出惋惜之情。

　　像這種取物象喻友的贈答，余光中還有〈放風箏──隔水寄芳明〉一首（收在《與永恆拔河》）。以紙鳶譬喻陳芳明，勸其無需好高騖遠地，在西方的文學理論中，繼續流浪。詩人以放風箏為喻：僅憑細細的「一條線」，便想憑藉「西風」，「吹上了天」。這種單薄的又脆弱的根基是不足為恃的，因為可握的「一線生機」，該「繫於地上，不繫於雲間」。二者一戒、一譽，各因取喻的不同，都使兩者的形象，清晰而鮮活。

（三）楊牧

　　思念之情，既因時、地、景、物的觸發所生，所以其手法大多在自己的近況外，寫眼前景，以託寓情懷。這種因眼前所在地與景物，而興思友情懷的，以上大度山思楊牧為代表。

　　楊牧，本名王靖獻，1940 年生於臺灣花蓮，2020 年過世。東海大學外文系畢業、美國愛荷華大學藝術碩士、柏克萊加州大學比較文學博士。曾任教於麻薩諸塞大學、普林斯頓大學及華盛頓大學。15 歲以「葉珊」為筆名，在《現代詩》、《藍星》、《創世紀》等詩刊發表新詩。1972 年發表〈年輪〉，改筆名為「楊牧」。曾任國立東華大學人社院院長、中央研究院文哲研究所所長、政治大學臺灣文學所講座教授、國立東華大學榮譽教授。2000 年獲第四屆國家文藝獎，評審委員認為：「楊牧先生堅持文學創作四十餘年，詩、散文、評論、譯作均卓然成家。詩意的追求，以浪漫主義為基調，構築生命的大象徵。散文的經營，兼顧修辭與造境，豐富台灣的抒情傳統，評論的建構，融匯美學涵養與人文關懷。楊牧先生創作風格與時俱進，不追逐流行，不依附權力，特立獨行，批判精神未嘗稍減，允為台灣文學的重鎮。」

　　楊牧雖非藍星詩社的成員，但常在《藍星》發表詩作，與余光中的情誼可從余氏詩〈調葉珊〉（收在《白玉苦瓜》）窺出端倪：

死後三年

切勿召朋呼友

上我的墓還誦詩，飲酒

小便後，對月光一股勁兒發抖

說鬼，談狐，講低級的笑話

　　　　耳根辣辣地

　　　　把花生殼撒得我一頭

　　　　最後大家靜下來

　　　　蟋蟀哀哀的清歌中

　　　　忽然有誰說：

　　　　「喂我說余光中那小子

　　　　去了那裏頭

　　　　該再也寫不出詩來了吧！」

　　　　切勿切勿

　　　　就在你背後冷沁沁地

　　　　一個死不服氣的鬼，咦，怎麼

　　　　豎起

此詩充滿年少的輕狂，可以如此調笑戲謔，開得起這樣的玩笑，也只有無話不談的好友才能如此，可見雙方相稔相知之深。

　　余光中寫在大度山上的詩，早期有 1960 年的〈大度山〉（收在《五陵少年》）、1961 年的〈重上大度山〉（收在《五陵少年》）以及 1962 年的〈大度山——你不知道你是誰，你憂鬱　你知道你不是誰，你幻滅〉（收在《天狼星》）三首。1973 年 11 月余光中再上大度山，觸景生情地寫到：

　　　　山中日月，世上風雨

　　　　相思林任他編織著思念

　　　　一針復一針，細細纖纖

　　　　野鴿任他綠陰裏低呼，咕咕

　　　　清明過後是端午，一去十年

　　　　下山的人啊再也不回顧

　　　　再也不回顧，蔦蘿千條

　　　　也牽他不住，長廊外

　　　　鐘聲遲遲，又敲斜一個下午

　　　　（〈處女航〉《白玉苦瓜》）

余光中睹物思人，大度山上的日月風雨、相思林、野鴿，這一切都不能令葉珊那對情人回頭，蔦蘿千條也「牽他不住」，昔日歡聚的時光真的全消失了。詩人像〈植物園〉一樣，用長廊遲遲才敲響的鐘聲，說鐘聲又把下午「敲斜」了

——一天又到盡頭了。他用夕陽的斜影，使黃昏形象化；而「又」字，把期盼他出現，一天又一天的苦候、「等待」，表達得透徹淨盡，極有「西樓望月幾回圓」的樣態。

　　可見他極懷念與葉珊在東海大學大度山上的時光，彼此志同道合，推誠相與，相視莫逆的珍惜之情，溢於言表。無怪乎十三年後，他再度上大度山，仍是觸景傷情，不能自已：

　　大度山的風
　　浩浩從海上吹來
　　仍像你當日
　　那樣慷慨
　　……
　　大度山的路
　　無論左彎或右盤
　　仍像你當日
　　隨著山轉
　　……
　　有誰認得呢？
　　除了天風吹野樹
　　吹上山的路
　　下山的路
　　（〈大度山懷人〉《夢與地理》）

這詩是 1986 年 12 月 7 日，余光中與鍾玲同上大度山演講，自云：「一夕遠懷楊牧而作。」詩從昔日同遊的風、樹、路等事物取象，做今昔之比。他睹物如睹人，有一樣的，也有不一樣的：風不吝惜地吹，就像當日楊牧那樣地慷慨；樹卻不一樣了，比當年「更密更濃」——暗示他對楊牧的思念也「更密更濃」；連走在左彎右拐、盤旋而上的山路，也說像當年跟楊牧那樣地「隨著山轉」。這種處處見景而處處莫不有情的景況，非思之深、念之深而何。

　　只是如今只有天風吹著野樹、吹著山路而已，重訪大度山的過客，大度山上的「行人」已無人認得。「天風吹野樹」，從天邊吹來的風，猛刮著「野」地的樹林，令人聯想到那股猛勁與狂野。在這麼狂猛的意象中，卻獨獨缺了「行人」的熱情，詩人最後特意用這「天風」、「野樹」等景物與「行人」做對比，

將獨行無友，心中之落寞孤單襯托得極為淒涼，落單的身影好似天地沙鷗般，顯得淒愴而悲涼。這和：

> 握一枚白淨的貝殼
>
> 不聽海神的螺號角
>
> 聽你的消息
>
> ……
>
> 坐在石門下
>
> 看石門洞開，海在洞外，你在海外
>
> （〈懷夏菁〉《五陵少年》）

同樣是述思念對方之情懷，前者情激意切，後者幽幽細訴，各依情境或彼此相處境態之不同而有不同的表達方式。

（四）瘂弦

瘂弦，本名王慶麟，河南南陽人，1932年生，1949年來臺。政工幹部學校戲劇系畢業，入海軍陸戰隊服務，後調左營海軍廣播電臺工作，余光中《天狼星》中的〈海軍上尉〉即指瘂弦。1966年應邀赴美國愛荷華大學國際作家工作坊訪問兩年，1976年在美國威斯康辛大學東亞研究所就讀，獲碩士學位。曾任《幼獅文藝》主編、幼獅文化公司總編輯、華欣文化中心期刊部總編輯、《聯合報》副刊主編、《聯合報》副總編輯兼副刊組主任，《聯合文學》月刊社社長，《創世紀》詩雜誌發行人。1998年6月自《聯合報》退休，同年底移居加拿大。

瘂弦為臺灣著名的詩人，1957年8月余光中主編《公論報》〈藍星週刊〉，這時瘂弦的詩作也大多在此發表。瘂弦在1955年加入「創世紀詩社」，其詩既收西方現代主義之要，復擷中國傳統之精華，極具敘事性，充滿中國鄉土的親切氣息：

> 溫柔之必要
>
> 肯定之必要
>
> 一點點酒和木樨花之必要
>
> ……
>
> 姑母遺產之必要
>
> 陽臺、海、微笑之必要
>
> 懶洋洋之必要
>
> 而既被目為一條河總得繼續流下去的

　　　　世界老這樣總這樣：——
　　　　觀音在遠遠的山上
　　　　罌粟在罌粟的田裏
　　　　（〈如歌的行板〉《瘂弦詩集》）

冷眼旁觀這荒謬的世界，瘂弦總不忘在奚落之餘，寄寓深深的同情與憐憫。而
輕輕裊裊如歌一般的節奏，使其詩節奏輕靈甜美，極富語言魅力：

　　　　常喜歡你這樣子
　　　　坐著，散起頭髮，彈一些些的杜步西
　　　　在折斷了的牛蒡上
　　　　在河裏的雲上
　　　　天藍著漢代的藍
　　　　基督溫柔古昔的溫柔
　　　　在水磨的遠處在雀聲下
　　　　在靠近五月的時候
　　　　（〈給橋〉《瘂弦詩集》）

這樣流暢的節奏，讓讀者一吟便不易忘記。2005 年瘂弦妻張橋橋過世，余光
中寄詩安慰：

　　　　休止符之必要
　　　　如歌的行板已經變調
　　　　最後總是留下了詩人
　　　　天藍著漢代的純藍
　　　　基督溫婉古昔的溫婉
　　　　罌粟仍在詩人的田裏
　　　　觀音山劫後仍是觀音
　　　　台北選後還是否台北
　　　　休止符之必要
　　　　久寂之弦要重調
　　　　只有休止符能證明
　　　　是真的歌必然有回音
　　　　（〈休止符之必要——遠寄瘂弦〉《藕神》）

詩句有許多是化自瘂弦〈如歌的行板〉與〈給橋〉二詩，但總覺得不如原詩的

好，瘂弦原詩明曉流暢，充分體現瘂弦詩的魅力。若再經其「圓融而溫潤」的男中音吟詠，常使聽者沉迷，余光中形容其聲音是：

　　微顫似金屬細緻的波振

　　齒音清脆，嗓音低迴

　　帶點磁性的引力那鼻音

　　那沉穩的男中音曾經風行

　　五十年代的夜晚，當它吟誦

　　所有的耳朵簇仰在下風

　　左營風吹臺北的雨

　　醒耳慣聽那恰好的頻率

　　河南到臺南那鄉謠的節奏

　　（〈那鼻音──接瘂弦長途電話〉《與永恆拔河》）

大陸學者藍棣之形容瘂弦的風格為「民謠寫實」風。詩集《深淵》改版，更名為《瘂弦詩集》。然其對詩的創作只維持短短的十二年，以後全心投入編輯事務，主編《聯合報》〈聯合副刊〉，與《中國時報》〈人間副刊〉分庭抗禮。期間對專欄、專輯的設計迭有新創，「極短篇」即首見於 1978 年 2 月的〈聯合副刊〉。他大力提攜新人，舉辦各種文藝活動，使平面媒體之編輯，由靜態轉為動態，活絡文藝環境。論者謂瘂弦為臺灣的「副刊編輯學」做了最好的示範。

　　曾多次獲各類文藝獎：軍中文藝獎詩歌組優勝獎、中華文藝獎長詩獎、藍星詩獎、救國團青年文藝獎、十大傑出青年、香港現代文學美術協會新詩獎、教育部金鼎獎副刊編輯獎、五四獎文學編輯獎。

　　1966 年 9 月，瘂弦赴美國愛荷華大學「作家工作坊」（Writers' Workshop）研究，余光中贈詩賦別：

　　帶一把泥土去

　　生我們又葬我們的

　　中國的泥土

　　……

　　帶一把中國去

　　這是祖國最好的樣品

　　同樣的潮濕

　　埋葬過且生長過

最醜惡的屍體

生長過且埋葬過

最難忘的美麗

（〈帶一把泥土去──致瘂弦〉《在冷戰的年代》）

「帶一把中國去」愛奧華吧，[註31] 這是「祖國最好的樣品」。其後又刻意補句：雖然去的地方是「另一種大陸」，目的正是在提醒將別者──請務必要帶去。因為這樣品「最芬芳最肥沃」、「最高貴最神聖」、被踐踏得「最最狠」……。一連串的「最……」，把心中極強烈的鍾愛之情傾肺吐出，一股堅貞不貳的氣氛瀰漫全詩。詩裡不講含蓄，不談理性：

雖然那是

　　　　另一種大陸

一半給水湄的新郎

一半藏在行囊

從愛奧華的河上

寄兩張血紅的楓葉

一張給新娘

一張給舊友

雖然那是

　　　　另一種大陸

帶去的泥土，半予新郎、[註32] 半「藏在行囊」，則這把泥土豈非仍全在將別者瘂弦「一人」身上。而吩咐「兩張血紅的楓葉」，分寄予新娘與舊友，則要其「血」忱不移之意，更顯得格外「赤」烈。

　　此詩寫於 1966 年，1964 至 1969 年是余光中現代中國意識的覺醒期，他在《在冷戰的年代·新版序》說：

《在冷戰的年代》是我風格變化的一大轉捩，不經過這一變，我就

到不了《白玉苦瓜》。它是我現代中國意識的驚蟄。

這時期的余光中，現代「中國」的意識逐漸甦醒。強烈的「中國」的意識，讓他一再地為遠行的瘂弦叮嚀、提醒，那種將別離、猛交代的樣態，顯得格外熱

〔註31〕「中國」為第一句「帶一把泥土去」之錯綜，將「泥土」改為「中國」，「中國泥土」，兩者相互見義，有「互文」的作用。

〔註32〕瘂弦在 1964 年結婚（三十二歲），此詩寫在 1966 年，故仍稱瘂弦為新郎。

切，此詩正是他強烈現代中國意識的見證。

寫送別，在余詩中最早的一首是《舟子的悲歌》中的〈送別〉，時間是 1951
年：

> 你去了，帶去
>> 一片朝聖者的信心；
> 你去了，留下
>> 一個流浪兒的背影。
> 別讓深夜的狂風暴雨
>> 打熄你胸中的一線黎明；
> 我送你一盞燈兒照路——
>> 那棕樹提著的一顆星星。

此詩未說將別者為誰，詩前半述離情，後半則是激勵勸勉之語，那「一盞燈兒」
就是下句說的「星星」，詩人願如星星般照引將別者，替他引路。這樣句式整
齊，押韻有規律（abab），不脫格律詩的形式，是余光中最早期詩作的典型。
同是送別，展現余氏不同時期不同的詩風。

（五）洛夫

洛夫，本名莫運端，1928 年生於湖南省衡陽縣，1949 年隨國民政府軍來
臺，政工幹校第一期、淡江大學英文系畢業。先是在海軍服役，1973 年退役。
其後曾任教東吳大學外文系，並先後在中國大陸多所大學任客座教授。

洛夫與張默 1954 年在高雄左營創辦《創世紀》詩刊，1955 年瘂弦加入創
世紀詩社。1961 年天狼星論戰，洛夫結合存在主義和超現實主義，成為創世
紀的主要標誌。1970 年，洛夫又否定超現實主義，代之以「純粹」。其詩論曾
經過幾次的更易。

其詩在語言的表現技巧上，大膽而創新，顯見頗有才氣、魄力，詩壇譽為
「詩魔」。〔註33〕獲獎無數，如長詩〈血的再版〉獲中國時報文學推薦獎、詩
集《時間之傷》獲中山文藝創作獎、1999 年詩集《魔歌》被評為臺灣文學經典
之一。也擅長書法，作品在中外多處展出。1996 年移民加拿大，2018 年過世。

余光中與瘂弦、洛夫雖然不同詩社，其後的文學主張也各不相同，但早期
因寫詩結緣，仍有相當的情誼讓詩人懷念：

〔註33〕 參見洛夫，《洛夫詩歌全集·洛夫小傳》。（臺北：普音文化事業股份有限公司，
2009），頁Ⅲ～Ⅳ。

那喉音說：「你究竟幾時才回家？」

回家？我已在海外飄泊得太久

家在那雨城，城在五十年代

的詩裏，……

　　（〈那鼻音——接瘂弦長途電話〉《與永恆拔河》）

五○年代的臺北，「左營風吹臺北的雨」，詩人與好友一起吟誦的日子，是極讓詩人懷念的。

　　余光中 1958 年的〈金鬣——贈瘂弦及洛夫〉（收在《鐘乳石》），部分意象晦澀難明，是余詩受現代主義影響時期的作品，對服膺現代主義，常用超現實手法寫詩的詩友，詩人似乎有意用「其人之道」與之酬酢：〔註34〕

路燈們撒下了長長的網，

在捕捉波浪的熱帶魚——

恰似永恆的光屹立著，梳著

時間的金鬣。

撒著「長長的網」之路燈如「永恆的光屹立」，讀者可以理解。但路燈所欲捕捉之「波浪的熱帶魚」是什麼？是燈下的車，還是人？又為什麼是「波浪的」？假設將車比為熱帶魚，又為何是「波浪」形的？難道是因為車量川流不息有如波浪？但是車子怎麼會有「鬣」形？而這「波浪的熱帶魚」，詩人說就像永恆之光「梳著／時間的金鬣」，古人喻時間為白駒過隙，詩人故有「金鬣」之喻？無論如何，它都很難讓讀者將兩者聯想在一起。

憂鬱和寂寞坐在公園的長靠背椅上

喃喃地說著，如何一顆星

在遠方，和一個流浪人的灰眼睛

幽會。

喃喃地說著，而且飲著

那溢自透明的高腳紫晶杯中的

月的冰牛奶。

「憂鬱和寂寞」「坐在」椅上，暗指瘂弦與洛夫。將兩人抽象化為憂鬱和寂寞，與具體實物的「長靠背椅」放在一起，就像抽象畫那樣——部分具體，部分抽

〔註34〕1959 年 12 月，余光中有〈瘂弦先生與洛夫先生發揚超現實主義〉一文，首次將「創世紀」與「超現實主義」連在一起。

象；有具體也有抽象。「透明的高腳紫晶杯」是夜空，月光是夜空泛溢出來的「冰牛奶」，不但有夜涼如（冰）水之感，「紫晶杯」與「冰牛奶」的冰晶透明感，更讓月夜格外清明透亮，這意象極好，「飲著」月光，仍是抽象與具體的結合。

　　於是，台北遂遠得有些美了，於是，

　　記憶亦重了，記憶垂著，

　　如雨後，一樹成熟的芒果。

「於是……遂」是詩人這時期詩中偶有的口語，這一夜臺北美美的月空，將成為詩中主角美麗的回憶，「如雨後，一樹成熟的芒果」。本是憂鬱、寂寞的主角，此時已轉憂為喜，有了豐美之感。

　　此詩的主角是余光中，或是瘂弦、洛夫？總令人摸不清楚。〈海軍上尉〉裡也有「公園的長靠背椅」與星星的意象：

　　左眼望雲，右眼忙於捕流星

　　……

　　公園的長靠背椅上

　　左手晚報，右手是紙煙

再如：果樹的成熟、「飲……」的意象，都讓人感覺是化自洛夫的詩：

　　假若把你的諾言刻在石榴樹上

　　枝椏上懸垂著的就顯得更沉重了

　　……

　　哦！石榴已成熟，這動人的炸裂

　　（〈石榴樹〉《洛夫詩歌全集I》）〔註35〕

　　這裡實在綠得太深，哦，園子正成長

　　成長著金色的誘惑

　　一些美麗的墜落……

　　（〈菓園〉《洛夫詩歌全集I》）〔註36〕

　　飲葡萄的紫，芒果的青

　　飲藍天的無盡

　　以及你眼中的一杯醇酒

〔註35〕洛夫，《洛夫詩歌全集》。（臺北：普音文化事業股份有限公司，2009），頁28。
〔註36〕洛夫，《洛夫詩歌全集》，頁32。

　　　　流自那條長長的靈河

　　（〈靈河〉《洛夫詩歌全集Ⅰ》）〔註37〕

這些都是洛夫第一本詩集《靈河》常常出現的意象，余光中化用友人詩中的意象相贈，有相互切磋的意味，很像中國古典詩歌的「和詩」。所以這詩中所敘的主角應是瘂弦與洛夫。

　　這時期是余光中的現代化實驗時期，他正受歐美現代主義的洗禮，嘗試創作立體與抽象的「現代詩」，務期使其詩擺開傳統「新詩」，使之具有「現代」精神。他用迥不同於傳統的眼光看待世界，這種新的視野，使他悖離傳統；雖然為期只有短短的兩年，但沒有這樣的悖離與大膽的嘗試，也就沒有以後毅然決然的回歸。此詩正是他當時努力想「現代化」的見證。

（六）梅新

　　寫對死者的哀思，余光中有輕描淡寫地以幾筆帶過的，如〈重九送梅新〉。梅新，本名章益新，筆名魚川。長余光中九歲（1937年），1997年過世。現代派成員，八〇年代擔任《現代詩》之主編及社長。曾任教職，後入傳播界，先後在《民生報》、《聯合報》、《臺灣時報》、《中央日報》等服務。其詩善寫親情、鄉情與日常生活，在明朗、純淨中，難掩身世飄泊蒼涼之感歎。

　　〈重九送梅新〉以梅新「獨自遠行」（即死亡）時，空蕩蕩的月台為意象：空空的月台、「空空」的提袋以及未完成的詩稿，暗示梅新留世的詩篇不多。而其臨去時的樣態，也是借車站站長的描述，側寫而成：

　　　　我趕去車站送行

　　　　月台早已空空

　　　　站長不解說

　　　　你行色太匆匆

　　　　頭也不回

　　　　……

　　　　究竟，是誰把你接去？

　　　　是費翁還是陶潛？

　　　　（〈重九送梅新〉《高樓對海》）

站長說其臨去時「行色太匆匆／頭也不回」，也不知誰接了去，這兩樣都是輕描淡寫，一、兩筆帶過。最後以時間（when）為著力點，迴挽首句「登高那一

〔註37〕洛夫，《洛夫詩歌全集》，頁43～44。

天」，從梅新的「遠行」日期發揮。因為它正好是余光中的生辰——重九日，「我的生日，你的忌辰」，最後想像梅新的「遠行」，是被召回山上做神仙去了作結。此詩每一行都特意簡短，一如梅新匆匆離去一般。

（七）陳黎

在余光中的詩友中，林彧、渡也、陳黎都屬晚輩，余光中與他們酬贈之詩，有〈謝林彧贈茶〉（收在《藕神》）與〈謝渡也贈橘——笠澤臚肥人膾玉，洞庭柑熟客分金（蘇舜欽〈望太湖〉）〉（收在《太陽點名》）。〈謝渡也贈橘〉內容偏重在說橘，將論於第七章。〈謝林彧贈茶〉，〔註38〕則申述兩人交情如清澈之茶水，既能「滋潤」林彧「孺慕的苦心」，又能「溫暖」詩人「念舊的愁腸」。亦盛贊其雖出生於農家，仍保有「江湖的風雅」，不像漁樵，倒像個「儒俠」，這些都不脫余光中贈答詩的風格。

給陳黎的詩，余光中有〈漏網之魚——戲答陳黎〉一詩（收在《藕神》），正可見出兩人世代之差異：

> 「怎麼，你還沒上網嗎？」
> 對著你驚訝的眼神
> 帶一點苦笑我說
> 所以我還沒落網
> 還不想就陪你去餵
> 那隻通吃的大蜘蛛
> 所以我還是一條
> 逍遙的漏網之魚
> 在網外的水光中
> 是南溟吧，游來，游去

二十世紀後期，網際網路已風行世界。不用電腦、不上網，確屬少數。詩人以「還沒落網」，仍在「南溟」逍遙地「游來，游去」的「漏網之魚」自我解嘲，雖是戲作，卻不乏詩趣。〔註39〕

〔註38〕林彧（1957～），本名林鈺錫，臺灣南投縣鹿谷鄉廣興村人。臺灣詩人，畢業於世界新專（今世新大學）編採科。哥哥林淇瀁，筆名向陽，亦為臺灣詩人，政治大學新聞博士，國立臺北教育大學臺灣文化研究所副教授，其臺語詩與十行詩，論者以為獨步臺灣詩壇。

〔註39〕余光中在另一首〈人魚〉（收在《五行無阻》），也是以「落網」為意象，但意義完全不同，可參看。

　　陳黎本名陳膺文，1954 年生，臺灣花蓮人。臺灣師範大學英語系畢業，中學教師。其論著、譯作合計約三十餘種，曾獲國家文藝獎、吳三連文學獎、時報文學獎新詩首獎、聯合報文學獎新詩首獎、梁實秋文學獎翻譯獎、金鼎獎。其詩風貌多變，情感則恆不離臺灣。近年來的詩作，常有文字、圖像、符號的拼貼，如〈戰爭交響曲〉、〈腹語課〉、〈一首因愛睏在輸入時按錯鍵的情詩〉等等。余光中〈隔一座中央山脈──空投陳黎〉一詩，遂有文字圖像出現，為余詩中之首見。

　　花蓮縣位臺灣東部，東臨太平洋，西則以一座中央山脈，與臺中、南投、高雄三縣市相隔為鄰，所以臺灣西部的人常以「後山」稱花蓮。余光中就是以這樣的隔一座山脈取象，陳黎從花蓮投給余光中，余光中從高雄回投給陳黎：

> 就像發球一樣
> 隔了整座中央山脈
> 你從早餐桌上
> 發過來一枚朝暾
> 等我接到時
> 已變成海峽的落日
> 灼灼，仍感到餘溫

從花蓮「早餐桌」發的「朝暾」，到高雄是「餘溫」猶存的「海峽落日」，這種魔幻寫實的手法，讓詩有神話的傳奇「原」味。太陽如此，颱風也一樣：

> 到夏天你也會
> 從東岸的前衛
> 發過來一陣颱風
> 太平洋怪胎的撒潑
> 等我接到時
> 風頭已變成風尾
> 呼呼，仍感到餘威

臺灣夏季的颱風多成形於太平洋海域，詩人喻之為「太平洋怪胎」。這「太平洋怪胎」在臺灣東岸登陸「撒潑」後，結構遭陸地地形的破壞，等越過高高的中央山脈，就常減弱為低氣壓，雖仍「呼呼」嘎響，但已是「餘威」「尾」緒了。

　　花蓮因位處歐亞大陸板塊與菲律賓海底板塊的交合與碰撞地帶，兩塊板

塊相撞擊所產生的能量釋放，使地震成為花蓮居民的「家常便飯」：

　　有時你會即興

　　從邃祕的海底

　　發過來一排地震

　　菲律賓板塊的推擠

　　等我接到時

　　六級已變成二級

　　轟轟，仍感到餘勢

此節與前兩節句法相同，三節詩在整齊的形式上，前後呼應；但也因為故意的相同句式連用三節，而顯得呆板、有匠氣。第四節開始收攝詩意，也未改句式：

　　現在該我發球

　　隔了一整座中央山脈

　　看我把餘溫，餘威，餘勢

　　收攏在如來的掌心

　　只吹一口氣

　　就變成一隻回力球

　　霍霍，彈回花蓮去

　　東岸的詩人

　　　　　且

　　　　　看

　　　　你

　　　如

　　何

　　接

　　　我

　　　　這

　　　　　一

　　　　　　球

詩人以「如來」自喻，將仍存的「餘溫，餘威，餘勢」，「收攏」於掌心，「只吹一口氣」，餘溫、餘威、餘勢就「變成一隻回力球」，霍霍霍地「彈回花蓮去」，看這位「東岸的詩人」如何接球。此詩第五節，詩人刻意用網路近來流行的文

字圖像詩之形式做回應：以球之拋物線建構詩句，是余詩之首見。〔註40〕已是耄耋之齡的詩人，對晚輩詩人的「新玩意兒」，似不減關注與興味。〔註41〕然而詩人這種寫法，也只是五、六〇年代林亨泰、詹冰、王潤華等人所實驗的圖像詩（或稱「圖畫詩」）而已，〔註42〕與九〇年代利用網路科技，流行於網路的網路詩迥不相同。

1998 年，臺灣詩人向陽開始有「網路詩」的創作。它靠網路科技為媒介，成為一種多文本（或稱為「超文本」）的「書寫」形式──有文字，有聲音，有圖像，甚且動畫等──這些質素因網路被媒合在一起，與傳統平面文本的詩有極大的不同。這預示「詩」這一文類已歧出新的岔枝，「詩」的創作有另類的路徑可走，這十多年來，臺灣陸續出現了許多的網路詩，琳瑯滿目，繽紛多姿。

第二節　藝文友人

此節所舉余光中的藝文友人，有小說家朱西甯、畫家趙二呆與席德進，以及電影導演胡金詮四人，茲分述於後：

一、朱西甯

朱西甯（1926～1998），山東臨朐人，1949 年來臺，從上等兵做到 1972 年上校退役，與司馬中原同為軍中小說作家的代表。其小說從早期的中國鄉土到臺灣社會，也有類似法國新小說反情節、無主題、結局開放等等的實驗性作品，並見其在小說語言上的魅力。

朱家為臺灣知名的文學家族，其妻劉慕沙為日本文學翻譯家，女兒朱天文、朱天心俱為臺灣的重要小說家。

1967 年 5 月 28 日，余光中寫了〈白災──贈朱西甯〉（收在《在冷戰的年代》），此時詩人已屆不惑，「初雪已然降臨在耳際」，對朱先生的華髮生頂，

〔註40〕其後在〈苗栗明德水庫〉（收在《高樓對海》），詩人也將「斜斜渡去」排成下斜形，顯然是受時風的影響。
〔註41〕陳黎有詩一首回應，余光中錄於此詩後之附錄，見余光中，《高樓對海》。（臺北：九歌出版社，2007），頁 79～82。
〔註42〕余光中早期也曾論及圖畫詩，見〈古董店與委託行之間〉《掌上雨》。（臺北：大林出版社，1970），頁 204～205。有關臺灣早期圖像詩的形式實驗，還可參見羅青，《從徐志摩到余光中》。（臺北：爾雅出版社，1978），頁 53～70。

自認有深刻的體認，故而在詩前小序云：

> 以前看見朱西甯先生早生華髮，輒為惘然。現在輪到自己「白禍」
> 臨頭，更有一種溫柔的殘忍。寫成這首〈白災〉，贈朱西甯先生，亦
> 以自解。此骰願與朱先生同擲。

這種白色傘兵，無聲無息地「向耳邊飄落」，空降的範圍逐漸擴大，正預示一場「大風雪的侵略」已然開始。其後果將是：

> 最後必然有一座冰峰
> 標一種海拔的高度，湧起
> 一種清潔，以零下的肅靜砌成

面對這樣的「白色」侵略，任何生命都不能抵抗，白雪將佔領整座峰頂，輸是必然的了。可是詩人不服輸，他不認為這就是輸，他把這場侵略當做是一場豪賭──一場「偉大的豪賭」。什麼是「偉大的豪賭」？

> 一個賭徒不能算偉大的賭徒
> 如果囊中還留下賭本
> 或是在輸盡之前就認輸
> 曾經有半間破廟，我聽說
> 廟中曾經有四個賭徒
> 一個疑心時間已太晚
> 一個疑心四周是墳墓
> 一個不信自己不是鬼，剩下
> 第四位，真正的賭者
> 把破廟當做金碧的寺院
> 輸盡全部的星光和寒顫和黑
> 輸了外套輸自己的赤裸
> 上半夜輸盡輸下半，輸成了神

詩人倒裝文句，讓讀者有回環咀嚼詩義的空間。還原詩句的意思是：「一個賭徒……／如果囊中還留下賭本／或是在輸盡之前就認輸／……不能算（是）偉大的賭徒」。為了申明這層意思，詩人再舉一例以說明：所謂輸盡賭本，真正偉大的賭徒，是像那第四位賭者：輸了「金碧的寺院」、「輸盡全部的星光和寒顫和黑」、「輸了外套輸自己的赤裸」，從上半夜一直輸到下半夜，他輸了一切，最後「輸成了神」。「輸成了神」，這矛盾語反襯出輸才是贏。人生就像是住「破

廟」般，可是我們卻誤以為，是住在金碧輝煌的寺院中，戀戀不捨離去。

　　所以詩人也準備做一個「偉大的賭徒」，來一場與永恆拔河的豪賭。首先他以「滿頭黑髮」押注，投擲的骰子轉動了，他在腦中辯證道：

　　　　這樣，算輸了，還是該算贏？
　　　　……
　　　　至多贏一把皎皎的自嘲
　　　　在最終一注後面對空闊
　　　　自虐狂的靈魂啊，愈凍，愈清醒
　　　　黑，讓給白，白讓給永久的青

滿頭華髮詩人形容那氣概是，「戴一頂白髮如戴白冕」。最後連白髮的白雪也融光了，他還要賭——「把一切都賭盡」：

　　　　最後，我也會把一切都賭盡
　　　　鬚，眉，牙齒，全押在零上
　　　　（墳墓能贏的不過是這些）
　　　　……
　　　　當白髮也紛紛告別，我說
　　　　就算是融雪，為下一個春季

雪融了，是為「下一個春季」，也就是上文的「白讓給永久的青」。那個青青的春季迥不同於以前的春季，它：

　　　　有一種氣候嚴於瑞士
　　　　水仙不能植水仙，蓮，不能夠種蓮
　　　　……
　　　　相反的氣候集中在一身
　　　　頭靜結冰，心熱搧火
　　　　採也採不盡的礦藏，億萬兆噸
　　　　壓積在胸部。　於是生命
　　　　一座雪火山的昇起
　　　　熱帶，貫穿，溫帶，貫穿，貫入極寒極寒

賭盡一切，他成了「雪火山」——白色大風雪過後，還有春天，「雪火山」的春天。「雪火山」由下往上地從熱帶、溫帶到頭頂「極寒極寒」的寒帶。這樣，這場豪賭，算輸了，還是該算贏？讀者應已自有論斷。

「雪火山」顯然是余光中火浴的象徵意義。

此詩是詩人面對白髮生鬢，驚覺生命已現老態的警悟，從而思索如何正確面對的思辨過程。可惜思路的進行有些亂，如「黑，讓給白，白讓給永久的青」，此後接續的應是從「永久的青」說下去，然而詩人在補敘了偉大的賭徒後，卻又回頭說「戴一頂白髮如戴白冕」，那個「白」的階段，這會讓隨著詩之思路前進的讀者產生錯亂。究竟推理思辨的詩本就不容易理解，若理路不能清晰，就更不能得讀者的青睞了。

總之，這是詩人心靈成長的一個論辨過程記錄，沒有這時期一場場心靈的「辯」證與「辨」證，詩人到不了成熟的《白玉苦瓜》。十一年後（1978 年），詩人寫給楊牧的〈白即是美——贈白髮初驚的楊牧〉（收在《與永恆拔河》），詩情轉為豁達、自在，已沒有此詩嚴肅又「認真」的拘謹了：

> 中年以後切莫在風裏回顧
> 一天星斗對滿地江湖
> ……
> 中年以後莫在燈光裏看鏡
> 一顧青絲再顧已成雪
> ……
> 化是化不了的了，愁也莫愁
> 微灰是浪漫的，純白是古典
> 一莖兩莖觸目最驚心
> 耳畔的邊警逼向中原
> 最美是一望皎皎的雪巔

這完全是過來人一切了然於胸的口氣，他一一細數即將遇到的情況，一來安慰驚魂未定的老友，要坦然接受；二來更莫忘細細叮嚀：

> 笑少年是熱帶無雪更無韻
> 中年是溫帶有雪便有情
> 亦如黑人肯定自己的本色
> 說，黑即是美，讓我們肯定
> 白即是美，寧做攀高的壯士
> 仰攻無窮的西藏，深入永恆
> 看最後，是我們征服白世界

　　或是失足一呼驚動千山的雪崩

　　白世界埋葬了我們

這是朋友相互砥礪勸勉之意，既有「白髮無情侵老境，青燈有味似兒時」的雅趣，也有「形骸已隨流年老，詩句猶存造化功」的豪氣。

二、趙二呆

　　趙二呆，本名趙同和，江蘇鎮江人，1916 年生，北京大學法商學院畢業，〔註43〕歷任福建省三元、將樂、林森三縣縣長。1949 年來臺，曾任臺灣農工企業總經理等職。1971 年退休，專力於藝術創作。1988 年舉行「台北，再見！十一個二呆回顧展」後，〔註44〕設籍澎湖馬公，蓋建「二呆藝館」（又名「藝奴居」），做為各項藝術創作的展覽場。1995 年 2 月過世。

　　1965 年，二呆先生獲羅馬現代美術館，選為「中國現代畫展」的七位畫家之一，〔註45〕水墨畫「一串串的歡樂」獲該館收藏。從此揚名國際畫壇，作品多次在國內外參展。除了詩、文創作外，二呆先生更致力於各項藝術創作，包括：油畫、水彩、水墨、書法、篆刻、雕塑、陶藝、版畫、攝影等等，不拘一藝，也無師承。其畫風由寫實逐漸進入寫意，不求形似，簡易幾筆，意境全出，空靈淡泊，自成一格。作品以水墨、陶藝最為人稱道。

　　1988 年，二呆先生宣布歸隱澎湖，余光中於八月七日寫了〈送二呆去澎湖〉一詩賦別（收在《安石榴》）：

　　娑婆世界的繁華和噪音

　　如何裝得滿你的一隻

　　空空的小陶瓶呢？

　　終於你還是一走了之

　　……

　　十一個二呆都不帶行李

　　一隻空瓶已足夠擺渡

　　幾張簡筆畫可以充帆

〔註43〕一說為西北大學政治系畢業。

〔註44〕當時七十二歲的趙二呆在臺北皇冠藝術中心辦回顧展，展出水墨、西畫、陶藝、雕塑、素描、攝影、篆刻、書法、版畫、詩、文等十一類，合稱「十一個二呆」。二呆先生自稱「藝奴」，以其伺奉這十一位藝術主人故也。

〔註45〕其餘六人均旅居歐洲，僅二呆在臺灣。

> 飄然向西去風沙之島
> 把七十三歲的背影
> 交給空曠的夕照與晚潮
> 而風吹沙飛，天高海遠
> 什麼都繫你不住了
> ——除了那水平線

詩人以「一走了之」的「走脫」形容二呆先生的離去，用一個小動作「頓一頓腳」，很生動地描繪其絕決的意向。這種踏頓的跺腳動作，正是心中極想甩脫每一「粒」紅塵，不由自主所做出的自然反應——儘管「紅塵」「越來越貴」，也毫不顧戀。詩人描寫他「一走了之」的樣態是：以陶瓶為筏，「幾張簡筆畫」為帆，「飄然」「西去」「風沙之島」。雖然「二呆」有十一個，但是其中的水墨與陶藝最為人所稱道。把「十一個二呆」放入詩中，既扣住二呆揮別臺北時所舉行的回顧展，又充分說明其多方位的才藝，有一新讀者耳目的作用。

詩末想像其在澎湖的情景：「天高海遠」「風吹沙飛」，一個「七十三歲的背影」，就這麼隨意、自在且逍遙地獨行在「空曠的夕照與晚潮」中，風繫不住，海阻隔不了——唯一繫得住他的，只有遠遠的那根地平線……。

繁華、喧囂的「娑婆世界」裝不滿二呆先生的「小陶瓶」，這種小、大的對比，正是佛家納須彌於芥子的禪理。但是還不夠，因為「小陶瓶」仍是「空空」的。二呆先生生前以「呆以名，呆於利」自許，曾自稱為「九無先生」：一無所爭、二無所知、三無所有、四無所懼、五無所能、六無所求、七無所成、八無所為、九無所識，余氏以「空空」形容，正是對「九無」之名的最好呼應。

三、席德進

寫死別的詩，余光中常稱這些友人是被「接去」某地方了，所以大多會描繪他們被「接去」時的情狀——誰把他們「接去」（who）？怎麼「接去」的？被「接去」時他們的神態如何（how）？這些都足可為死者勾勒人格與形象。此外，被「接去」後，他們留下什麼在人世（what）？這是他們在人世的努力成果，也是余光中極注重的一點，嚴格說來，這應是余光中寫死別詩，所掌握的主軸。底下舉席德進與胡金銓為例，分析余氏如何循著這些主軸，抒寫這類的詩：

席德進，1923 年生於四川南部，杭州國立藝專畢業。1948 年來臺，1981

年 8 月 3 日胰臟癌辭世。他先是任教省立嘉義中學，四年後辭職北上，從此成為專職畫家。1962～1967 年，赴美、歐等多國考察、遊歷，寫成《席德進的回聲》與《席德進看歐洲藝壇》。回臺後，立志以中國人的情感表達中國的藝術，他摒棄西方的新潮藝術，讓自己的藝術不受干擾地向自己所在的泥土紮根。於是他開始在臺灣全島寫生，描繪臺灣民間風物與生活百態。從 1968 年至 1981 年辭世，席德進都專力在臺灣民間藝術的創作與研究。其研究所得，輯為《臺灣民間藝術》一書；而繪畫理念則發表於《藝術家》月刊之專欄「我畫、我想、我說」，頗能發人深省。〔註 46〕曾獲中山文藝創作獎，並多次舉行個展，是臺灣重要的畫家，作品廣為各界收藏。

　　1980 年，席德進因胰臟癌在臺大醫院開刀。1981 年 5 月，再次住院開刀，6 月 16 日，畫友們為其祝壽，特辦「席德進特選展」，將其作品分別在出版家、龍門、阿波羅等三個畫廊展出。余光中在〈你仍在島上——懷念德進〉（收在《紫荊賦》）的後記中談到當天兩人互動的情況：

> 去年六月，有幸參加德進最後一次的生辰酒宴，和他互相擁抱，並承他簽贈畫冊。致祝詞的最後四句，我說：「席德進日，畫展三家，酒開七席，席捲天下。」他聽了很是高興。那時已料到，這一握手，便成永訣。

國立歷史博物館也為他舉行「席德進畫集」，教育部長朱匯森並親赴病房頒授榮譽獎章。8 月 3 日凌晨 15 分辭世。

　　余光中在 1981 年 5 月 28 日寫下一詩，自署寫於「厦門街的雨巷」，雨淋淋的天候更增加他心中的不祥感：

> 他們告訴我，今年夏天
> 你或有遠遊的計劃
> 去看梵谷或者徐悲鴻
> 帶著畫架和一頭灰髮
> 和豪笑的四川官話
> 你一走臺北就空了，吾友
> 長街短巷不見你回頭
> ……

〔註 46〕　參見 2011.3.16 國立臺灣美術館「席德進藝術之美」網站，網址：http://www1.ntmofa.gov.tw/shiy/index.html

怎麼你不能等到中秋？

只有南部的水田你帶不走

那些土廟，那些水牛

而一到夏天的黃昏

總有一隻，兩隻白鷺

髼髼從你的水墨畫圖

記起了什麼似地，飛起

（〈寄給畫家〉《隔水觀音》）

預估好友捱不過夏天，詩人先以「遠遊」為其過世塑好畫像：朗朗豪邁的笑聲與四川官話、滿頭蓬蓬的灰髮，肩上扛著畫架，去看梵谷或徐悲鴻去了。詩人猛覺得這樣「臺北就空了」。臺北空了雖不是事實，卻是詩人極「真實」的感受——有好友在，臺北才像臺北，若是老友不在，臺北就是「空」城。這時心裏亟想挽留的念頭，讓他不禁埋怨起老友：如果要走，為什麼不能遲些，偏偏要選在這「黑傘滿天，黃泥滿地」的濕答答季節？「行不得也」呀！「黑」、「黃」，不僅是喪亡的表徵；「黑傘」、「黃泥」那種濕黏、泥濘的意象，也把淚眼婆娑，心中溼滑黏膩、百味雜陳的難捨情懷烘托出來。

臺北因朋友的「遠遊」而感覺「空」了，但是南部則沒有「空」的感覺。因為南臺灣的水田、土廟、水牛，席德進「帶不走」。為什麼？因為那些景物全畫進好友的畫中了。見畫如見人，而見這些景物如見畫，因此處處都見得到朋友的畫，就處處覺得朋友仍在左右。即使過了一年，詩人仍是這麼認為：

不是樂不思蜀的浪子

但你畫中的風景

不相信你已經不在島上

卻說不清你徘徊

在哪一條田埂

只覺得暮色來時

每一片水田漠漠

都宛然有你的倒影

誰要喊你的名字

南部那一帶的青山隱隱

都會有回聲

（〈你仍在島上──懷念德進〉《紫荊賦》）

南臺灣是這麼地與好友貼近，這麼地親切，所以不感覺「空」。尤其是在夏天的黃昏，「總有一隻，兩隻白鷺」，好像「記起了什麼似地」，「從你的水墨畫圖」「飛起」來。「記起了什麼似地」，是白鷺飛起時的神態，充滿了令人想像的空間，它是說白鷺，而白鷺又何嘗不是老友的化身。這意象融合實境與畫境，虛實交融，是現實景物又是畫中景物。既肯定好友的繪畫成就──藝術的永恆價值，永存世間；而其似幻猶真，似真又似幻的藝術效果，又似乎在說，生與死似隔實不隔。尤其若將白鷺飛起的意象與畫境，與好友的「遠遊」合觀，則見白鷺如見其人，所以他仍在島上風景的某一條田埂上，其悠悠「仙」「遊」渺去的身影，如仍存在現實中，如活在畫中，也繚繞在余詩中。席德進可說是雖死猶生──畫作不朽，畫家也不朽。

四、胡金銓

胡金銓，1932 年生於北京，1949 年隻身至香港，其後加入邵氏電影公司。1966 年，首部武俠片《大醉俠》問世，論者謂其人物出場或武術動作，均深受中國京劇影響，這不但成為胡金銓的電影風格，《大醉俠》也因此成為當時新派武俠片的重要電影。

1966 年，胡金銓離開邵氏公司，來到臺灣為聯邦公司策劃製片部，他購置器材、訓練新人。1967 年完成《龍門客棧》，票房打破當時在臺灣、韓國和菲律賓的紀錄。接著又續拍《俠女》，耗時三年，1971 年殺青。《俠女》榮獲1975 年二十八屆坎城影展「法國電影最高技術委員會大獎」，是胡金銓躋身國際影壇的重要里程碑。1978 年又完成《空山靈雨》和《山中傳奇》兩部戲。《空山靈雨》獲邀為第三屆香港電影節的首映影片，《山中傳奇》則獲第十六屆金馬獎最佳導演、最佳美術設計獎。《龍門客棧》、《忠烈圖》、《空山靈雨》、《俠女》、《山中傳奇》，都是胡氏的重要作品。1997 年，住進臺北榮民總醫院，進行第三次心導管氣球擴張術，手術失敗逝世，享年六十五歲。〔註47〕

胡氏一生最大的成就是武俠電影，所以余光中截取其電影的場景或情節，鋪排其別去的場面與氣氛：

〔註47〕參見行政院文化建設委員會【國家文化資料庫】2011.3.16 網站。網址：http://nrch.cca.gov.tw/ccahome/peopleGroup/artist/artist_meta.jsp?xml_id=0006397799

> 滿廳黃菊
> 一排黑衣
> 俠女全到齊了
> 陣容悲肅錚錚有劍氣
> （〈別金銓〉《高樓對海》）

滿廳堂的黃菊，以及一字排開的黑衣俠女，〔註48〕劍氣森森，將一代武俠宗師與世訣別的場面，塑造得如其電影的蕭颯與肅穆。然後是一場烈火煉燒的場面：

> 該怎樣把你接去呢
> 除了用一場烈火
> 一場真金的火鍊
> 熊熊，將你燃燒
> （〈別金銓〉《高樓對海》）

余氏用真金不怕被火冶煉的意象——「熊熊」烈火「燃燒」著胡金銓——摹狀胡氏離去昇華的場景。他一輩子舞槍弄劍「抵抗」姦邪如「東廠的鷹犬」小人，這些「金屬」所加諸身的「疲勞」，〔註49〕他不想再抵抗了，這個「真金」的「金屬」，最後將自己投入烈火中，壯烈火浴而去。這好似胡氏電影之結局：俠客為救護一代忠良的遺孤而壯烈犧牲了，又似乎暗示他的電影藝術也是真金不怕火煉的。

　　俠客是壯烈成仁了，而人間：

> 只剩下一輪古月
> 像龍門客棧的燈籠
> 高掛在明代的風裡
> 朗朗照著眾俠客
> 為救護忠良的遺孤
> 一夜辛苦
> 奔走在江湖
> （〈別金銓〉《高樓對海》）

「古月」仍在，「明代的風」仍在。忠烈的美德不孤，好像「龍門客棧的燈籠」

〔註48〕「俠女」為胡氏執導的電影名，嵌入其中，更凸顯其成就所在。
〔註49〕鐵「金屬」為製刀劍等武器的原料，故借以為刀劍武器之代稱。

仍「朗朗照著」人間；而眾俠客仍披星戴月，辛苦「奔走在江湖」中……。余光中這麼蓋棺論定地說：這就是胡金銓。

第三節　前賢與師長

　　本節列舉余氏詠寫的前賢、師長，有胡適、蔣經國、梁實秋與林語堂四人，分述於後：

一、胡適

　　哀悼胡適，余光中僅取其功蹟抒寫，如〈香杉棺〉僅頌讚胡適的功績：

　　　撫隔音的棺蓋，有異樣的震顫
　　　逆手指而上，逆神經而上
　　　震落一滴晶晶的悲哀
　　　因此中臥北京最大的敵人
　　　當他呼吸，半個中國懼
　　　半個中國哭，當他瞑目
　　　（〈香杉棺〉《五陵少年》）

此詩寫於 1962 年 5 月 6 日的南港胡適靈堂，以香杉棺盛著「中國人最美麗的樣品」為意象，頌揚胡適為現代中國人的典範，其流風遺澤恆在六尺的香杉棺之外，「和我們同在」。然而虛寫胡適偉大處多，這「中國人最美麗的樣品」，終究無法讓讀者從詩中「真實」感受胡適偉大的具體樣貌，有流於「空說」之嫌。

二、蔣經國

　　比較特別的，是 1988 年的〈送別〉一詩。此詩為蔣經國「送行」，詩中避談經國先生功勳，其離去的神態也只以背影替代：

　　　悲哀的背影
　　　勞累的背影
　　　　不再回頭
　　　（〈送別〉《夢與地理》）

背影是「勞累的」、「悲哀的」，而且以堅決地「不再回頭」表態，「不再回頭」四字，頗令讀者有想像、玩味的空間。此詩著力在出殯場面的鋪排：降「壯烈

的半旗」、戴「沉重的黑紗」、開「純潔的菊花」、拜「肅靜的靈堂」、排「依依
的行列」、流「感激的淚水」，用平穩一致的節奏，不斷地側寫民眾哀傷的行為，
旁敲側擊地鋪陳出舉國「悲哀」的氣氛，統一的節奏正像一首輓歌，哀哀地為
領袖、為朋友送行。臨別之際，更以極小心叮嚀的語氣叮囑著：

> 悲哀的柩車
> 告別的柩車
> 　慢慢地走
> 親愛的朋友
> 辛苦的領袖
> 　慢慢地走
> （〈送別〉《夢與地理》）

直呼經國先生是「親愛的朋友」、「辛苦的領袖」，這最後的稱呼，充分透露其
心中的敬愛之情，不言可喻。

三、梁實秋

梁實秋（1903～1987），原名梁治華，字實秋，以字行。曾赴美研讀英美
文學，1926年返國任職。與胡適、徐志摩合開「新月書店」并任報刊編輯。其
雜文集《雅舍小品》記其在四川重慶之生活，題材廣泛，論事議理，旁徵博引，
為學者散文之代表，至今風行不衰。1949年來臺，以三十八年時間翻譯《莎
士比亞全集》，又完成《英國文學史》、《英國文學選》，奠定其學術地位。

〈聞梁實秋被罵〉（收在《在冷戰的年代》）寫於1967年，正是詩人現代
中國意識的驚蟄期。一個不肯認輸的靈魂，反覆思索辨證，正待要理出條正路
來。表現在詩裡的，就像韓愈那種為護衛儒家正道，理直氣壯，毫不退讓的氣
勢：

> 似乎，我看見，在那邊的弄堂裏
> 小鼻涕們在呼嘯，舞弄玩具刀
> 幻想那是真正的戰役
> 而自己是武士，是將軍
> 遂有一場很逼真的巷戰

攻訐老師的人是「小鼻涕們」，流著鼻涕是小孩日常習見之狀，又暗喻對方是
小鼻子、小眼睛地見不得人好的無知小輩。他們像小孩子一樣地「舞弄玩具

刀」，為一場自己幻想的「真正」戰役、「一場很逼真的巷戰」叫囂著——小孩子對遊戲是很「認真的」——而「自己是武士，是將軍」。這樣比喻器量狹窄，不能容納「異」己者的樣態，姿態雖高，但的確很生動逼真，其「幼稚」「無知」如小孩之諷意，極明白顯豁。

> 以真正的名將為敵人，名將
> 在那邊的方場上，孤立而高
> 赫赫，顯顯，多順手的目標
> 順手而顯赫，幾乎不用瞄準
> 於是，銅像的面目模糊
> 四方飛來呼嘯和泥土
> 和小鼻涕們勝利的哄笑

名將「孤立而高」的銅像，在小鼻涕們「四方飛來」的泥土與「呼嘯」聲中，「面目模糊」，對襯「小鼻涕們勝利的哄笑」，雙方的對比極其明顯。詩人特意強調的「多順手的目標」，就更順手地讓讀者瞭解了。

> 　　　　但時間
> 時間的聲音是母親，——
> 叫回家去，把小鼻涕。　母親說
> 不早了，該回家吃晚飯了
> 留下方場寂靜如永恆，泥土落盡
> 留下銅將和鐵馬，在夜空下
> 戴這樣高而闊的燦爛如一頂皇冠

「時間」是小鼻涕們的母親，她出聲了，叫小鼻涕們回家吃晚飯，於是小鼻涕們一哄而散，方場回復了平靜。平靜的方場「留下銅將和鐵馬」，高闊燦爛的夜空就如銅將的「皇冠」，頂戴其上，這描寫完全出自詩人對老師的尊崇。

　　詩人為老師叫屈，把一場學術爭議，比為小鼻涕們的惡作劇，「時間」為這場遊戲畫下休止符，確實是令人擊掌的好喻。不服輸，咄咄逼人，語氣凌厲、峻峭，正是詩人這時期詩作的特徵。雖有當仁不讓的氣勢，橫眉冷對千夫指的氣概，可是離溫柔敦厚之詩旨，尚有一段差距。這時期是詩人喻為「瓜而苦」的階段，他的力辯與力戰，正是心靈激辯、徬徨，不得不找出口宣洩的反映。

　　這樣犀利、峻峭的筆鋒，愛惡分明的情感，同樣表現在同一詩集裡的〈七十歲以後〉。

四、林語堂

　　林語堂（1895～1976），本名林和樂、林玉堂，福建龍溪人。上海聖約翰大學文科畢業，美國哈佛大學比較文學碩士、德國萊比錫大學語言學博士。曾任教多所大學、巴黎聯合國教科文組織藝術文學組主任、新加坡南洋大學校長等。1966 年來臺定居，於陽明山建一中國四合院，結合南歐建築美學，由林語堂親自設計，其後林氏亦安葬於故居後園，今名為「林語堂故居」。故居內設紀念圖書館，並定期舉辦藝文講座，供來賓參觀。

　　林語堂先生是以英文書寫而揚名海外的中國作家，*My Country and My People*（中譯《吾國與吾民》）、*The Importance of Living*（中譯《生活的藝術》）、*Moment in Peking*（中譯《京華煙雲》）等等，都是他的代表作。1932 年林語堂在上海創辦《論語》半月刊，首次將「humor」譯為「幽默」，鼓吹幽默文學。隔年復邀請西方幽默大師蕭伯納訪華，一時「幽默」蔚為風尚，林語堂因此贏得「幽默大師」之名。

　　手持煙斗，提倡幽默文化，「紅樓夢醒」，這些特質很難不讓讀者，與「幽默大師」林語堂聯想。詩人描寫大師與記者的互動，極盡挖苦之能事：

> 七十歲以後我就握一柄圓滑的煙斗
>
> ……
>
> 記者們迷惑的眼裏
>
> 那就是一縷芬芳的文化了
>
> 之後，把斗口翻過來
>
> 向一隻麒麟叩一叩
>
> 有文化的菸灰就落進煙缸裏去了
>
> ……
>
> 「所以說，我們的文化……」
>
> ……
>
> 所以說，所以說，所以說
>
> 說一些鈞經，煙道，一些不相干
>
> 不相干的氤氳中
>
> 記者們的頭顱此起彼落
>
> 我告訴你，你告訴我
>
> 「他的話，真是好幽默啊！」

　　（〈七十歲以後〉《在冷戰的時代》）

烟斗「圓滑」暗喻大師圓滑；「或者抽，或者不抽」，暗示總要拿個煙斗，故作
姿態，以示瀟灑。「記者們迷惑的眼裏」，表示記者被那一縷嫋嫋的青烟所惑，
以為那就是「麒麟」「芬芳的文化了」。七十歲後的大師，銜著烟斗，說什麼呢？
「說一些釣經，烟道，一些不相干」的事，可是記者們的頭顱，竟然如搗蒜般
地點頭，這樣的點頭此起彼落，而且還奔相走告：「他的話，真是好幽默啊！」

　　詩人對這位前輩大師的不諒解，是大師對自己文化前後行徑不一的態度：

　　　叩一叩，用同一隻手

　　　用同一隻手，三十歲，舉火炬

　　　七十歲，舉烟斗，有些顫抖

　　　……

　　　憤怒之後，一切是瀟灑

　　　握過火歛，握過烟斗和釣竿

　　　（〈七十歲以後〉《在冷戰的時代》）

同樣是這一隻手，「三十歲，舉火炬」——誓言打倒舊文化——態度是「憤怒」
的；而現在同一隻手「七十歲，舉烟斗」——標榜舊文化的芬芳——態度則是
「瀟灑」自在。從舉手的動作來看，唯一的差別是舉烟斗的手「有些顫抖」了。
「顫抖」或許是老了，有些不聽使喚；另一方面，又暗諷「有些」心虛。

　　這確實是對前輩大師相當大聲且大膽的批判。〔註 50〕年少不成熟的輕率
與熱情——或者該說是時勢潮流所趨的「不成熟熱忱」——與老成後的任達自
在，是否能說是前後不一的反復行為，確實有待商榷。但不管如何，這是詩人
一生中，最狂飆、辛辣的時期；這時期，「中國」是他亟待辨證的主題：

　　　每次想起，最美麗的中國

　　　怎麼張著，這樣醜陋的一個傷口

　　　……

　　　怎麼還不收口，黑壓壓的蠅羣

　　　怎麼還重疊在上面吮吸

　　　揮走一隻，立刻飛來一羣

〔註50〕洛夫對此詩曾批：「姑不論其題旨是否妥當，但以詩作為罵人工具，其格調已
　　　　不夠高，而作者僅知嬉皮笑臉，字句中毫無詩味，實令人難耐。」見洛夫、張
　　　　默、瘂弦主編，《中國現代詩論選》。（高雄：大業書店，1969），頁 121。

> 每次想起這些，那傷口，那醜陋
>
> 的傷口就伸出一隻控訴的手指
>
> 狠狠地指向我，我的脊椎
>
> 就燒起，火辣辣，一條有毒的鞭子
>
> （〈每次想起〉《在冷戰的年代》）

他從歷史的角度，分析中國積弱不振的原因。敢怒敢言的個性，以及不願自我逃避、疏離，企圖透過批判，亟需為生命找到出口的氣息，格外強烈。此詩可視為他對近代中國屢遭挫敗，所提出的檢討與批判。容不下半點的妥協，有時與外界擦槍走火的衝撞，也就無法避免了。

三十五年後（2002 年），詩人在〈前賢與舊友〉一文裡，對此詩的寫作背景做了說明：

> 年少氣盛的我久已不滿早期白話文但求表意不求鍊美的稀淡風格，
> 頗以改革求變自許，對於林語堂步晚明小品標榜性靈的文章很不耐
> 煩。六○年代中期，這位幽默大師從美國來臺小住，不但文壇歡迎，
> 更獲當局禮遇。青年作家們正熱中於引進現代主義以突破當局文以
> 載道的悶局，大師卻一貫地瀟灑從容，仍吸他西方紳士的煙斗還清
> 談閒雅的中國文化，令人覺得文不對題。一九六七年我寫的〈七十
> 歲以後〉便是針對此事。〔註51〕

詩人頗責當年自己的任直率性，坦言對林氏不公平：

> 其實當年我自命前衛，寫〈剪掉散文的辮子〉時，頗逞「文起八代
> 之衰」的豪氣，對林語堂未盡公平。……只記得生平僅和他會過一
> 次面，……一九六七年，……他卻根本未提到這件事，可能完全不
> 知情。……他神情愉快而自然，語調悠閒而低緩，……雖然老了，
> 卻敏捷而饒諧趣，顯然已進入從心所欲的晚境，令人直覺，五四人
> 物經過半世紀的風霜，本該如此。〔註52〕

坦言自己年輕氣盛，前後兩位文學大師的風範，令人感動，為之喝采。

〔註51〕余光中，《青銅一夢》。（臺北：九歌出版社，2005），頁 192。
〔註52〕余光中，《青銅一夢》，頁 194～195。

第五章　余光中臺灣詩中的「社會事」

　　本章分從這兩大議題,分四節論述余光中臺灣詩中的社會事——先論臺
灣社會的「人」群事件,後敘臺灣環境生態的保育。前者分三節:第一節寫解
嚴前後的臺灣,先概論這兩個時期的臺灣社會有何不同。第二節再細論解嚴後
的臺灣政治現象,其間所潛藏令人憂心的問題,因為這方面余光中詠議較多,
故另立一節細論。第三節論余光中對臺灣弱勢族群的悲憫與關懷。最後則是論
臺灣的生態環境保護問題。這最後一節涉及森林的盜採、國土的濫墾、空氣的
污染以及灰面鷲、紅尾伯勞等過境候鳥的遭獵殺,都是詩人極為關注的課題。

> 河既不清,海更不晏
> 呼天不應,靠山不穩
> 何其難過這世紀之門
> 滄桑頃刻在眼前演變
> 后土竟然在腳底翻身
> ……
>
> 眾舌嘵嘵的後現代
> (〈呼天搶地〉《藕神》)

這是余光中對二十世紀的描述。他生在動盪的二十世紀,青少年時期躲避戰禍
的顛沛,使他一路流離到臺灣。他大半生在臺灣渡過,臺灣在他的筆下充滿
「愛」意:

> 愛的表示,有時是「我愛你」,有時是「我不知道」,有時卻是「我
> 恨你」、「我氣你」。〔註1〕

〔註1〕余光中,《敲打樂·新版自序》。(臺北:九歌出版社,1986),頁12。

這「愛」「恨」情,多從「事」來,「臺灣事」成了詩人筆下的常客。

余光中詩中論及臺灣社會的「事」,雖因時代、年紀、閱歷以及心態的不同,論議之事也隨之改易,但總不脫人事和環境兩大主題——人與人、人與生態環境的互動。1987 年 3 月他為第二屆高雄木棉花文藝季,所做的〈許願〉一詩(收在《夢與地理》),就清楚地透露這一點,他希望讓所有的鳥、魚、光、愛「都恢復自由」:

> 讓所有的手都恢復自由
>
> 回到歡迎的形狀

此詩第一、二節為環境生態祈願,但願鳶飛魚躍,自在遨「游」;其後四節則為人類祈願,希望以愛彌補孤惸,以親切擁抱化解仇隙冰霜。前者是環境生態的問題,後者則是心靈與族群和諧的問題,可見人事與環境生態是余光中心中關注的對象。

第一節　解嚴前後的臺灣社會

1948 年 12 月 10 日,中華民國政府在中國大陸實施戒嚴,臺灣及新疆、西康、青海、西藏等五區則未受此戒嚴令的影響。

1949 年 5 月 20 日,臺灣省頒布《臺灣省戒嚴令》,全境戒嚴。同年的 12 月中華民國政府遷抵臺北市,中國大陸(除部分地區外)則被中國共產黨控制,兩岸進入長期的對峙狀態。

《戒嚴法》成為中華民國政府統治臺灣的重要法律,它等於宣布臺灣處在戰爭狀態,影響臺灣社會的發展至鉅。依《戒嚴法》規定,臺灣的最高司令官掌管行政及司法事務;也就是說,政府有權剝奪人民的自由與基本人權,諸如:集會、結社、言論、出版、旅遊等權利。這段期間臺灣人民的言論受到限制,政府運用相關的法令條文,逮捕許多政治異議人士,進行軍法審判、關押或處決。許多無辜的人士受牽累,對臺灣社會的民主、自由,有極負面的影響。

本節分戒嚴時期的臺灣社會與解嚴後的臺灣社會二小節,分別說明余光中筆下這兩階段的臺灣社會所呈現的不同狀況。

一、戒嚴時期的臺灣社會

1967 年 9 月余光中寫了〈在我們這時代〉,對當時臺灣社會的禁錮與言論的箝制,提出極尖銳的批評。詩人寫作此詩,與《文星》雜誌的被迫停刊不無

關係。

　　《文星》創刊於 1957 年，由文星書店創辦人蕭孟能所創立，以啟發西方進步的思想為雜誌的宗旨。此刊自 49 期起，李敖接手雜誌文藝欄，與黨國體制的《孔孟月刊》對陣，一場西方自由主義衝撞黨國保守主義的論戰，於焉展開。1965 年《文星》第 98 期，刊出李敖〈我們對「國法黨限」的嚴正表示〉一文，批評國民黨的濫用權力，雜誌因此被迫停刊，文星書店也被迫關門。《文星》對臺灣當時西方文化思想的啟蒙、傳播自由民主思想，具有重大的影響力——尤其是 49 期到 98 期的內容。〔註2〕余光中曾說《文星》不管在政治上、還是文化上，其革新的態度都影響了他，〔註3〕《文星》的停刊自然對詩人造成衝擊。此詩遲至 1991 年 10 月才發表，收在《安石榴》，內容是臺灣戒嚴時期，臺灣社會的部分縮影。

　　那時候的臺灣，處在封閉的戒嚴時期，無一處不被嚴密監控著，只能有一種聲音，余光中喻之為單一的「氣象」：

> 在我們這時代，沒有氣象台
>
> 能高過氣候，沒有鐘樓
>
> 能敲打時間，在塵埃與萬籟之上
>
> 清越而且準確。　那地震儀
>
> 早已震壞，被上次的大地震
>
> 於是任何地震都不再有記錄
>
> 而沒有記錄，氣象台說
>
> 就等於毫無災害，而氣象台
>
> 怎麼說的，氣象就那樣安排
>
> （〈在我們這時代〉《安石榴》）

在戒嚴時期，臺灣像是沒有一座「在塵埃與萬籟之上」的鐘樓，能「清越而且準確」地「敲打時間」，與全球同步運轉與接軌，它彷彿一直停留在「古代」的某一個時間點上。「上次的大地震」應是指國民黨撤退臺灣的大震撼，此後即使有引起震動的事件，也都被壓制下來，「都不再有記錄」，所以詩人說那座地震儀早已被「上次的大地震」「震壞」了。氣象台說地震儀震壞「沒有記錄」，

〔註2〕參見行政院文化建設委員會【臺灣大百科全書】2012.7.15「文星書店」、「《文星》雜誌」條，（網址：http://taiwanpedia.culture.tw/web/content?ID=4618）。

〔註3〕見〈記憶像鐵軌一樣長——余光中對談陳芳明〉《印刻文學生活雜誌》第肆卷第玖期，頁88。

就等於臺灣「毫無災害」。臺灣的氣象，從此是氣象台怎麼說，當局就怎麼安排臺灣的氣象──而這氣象台是從沒「能高過氣候」的。氣象台沒能高過「氣候」，當然測不準氣象，更別提正確地反映全球的氣候。這種任意安排臺灣「氣象」，象徵當時統治臺灣的國民政府其專制的作為。

> 在我們這時代，沒有一座樓
>
> 不是危樓，沒有一座塔
>
> 不是斜塔，向古代，無助地傾斜
>
> 多鳥糞的簷下蹲著乞丐
>
> 老的，捉完了蝨子罵完了孩子
>
> 寂寞在眼中陷得更深
>
> 於是許多假牙反芻胃酸和記憶
>
> 重慶的山洞，盧溝橋的砲聲
>
> 和戰前的好日子。　……
>
> （〈在我們這時代〉《安石榴》）

那時期的臺灣，為了與大陸的「文化大革命」相抗衡，提倡「中華文化復興運動」，整個臺灣「向古代，無助地傾斜」──樓傾向古代成「危樓」，塔向古代歪斜變「斜塔」。當全世界都在現代化的時候，臺灣──尤其是老一輩──卻向中國古文化尋求依靠。他們蹲在斜塔、危樓的屋簷下，乞丐似地捉蝨子、罵孩子。祖先遺下的塔、樓，或象徵中華的古文化，已呈歪斜的危險狀態，或象徵臺海情勢的岌岌可危，而那些腐儒與冬烘先生對扶撐、匡正中華文化卻毫無建樹，只能「蹲」在屋簷下，捉捉蝨子、罵罵小孩，把老祖宗的舊把戲再耍一耍，那空洞的眼神陷得更深，顯得更寂寞。〔註4〕要不然，就是把「重慶的山洞，盧溝橋的砲」「和戰前的好日子」，在麻將桌上，用新裝的假牙一再地反芻，深深地沉緬在昔日自以為光榮的回憶中……。

當時臺灣年輕的一代則嚮往另一個大陸：

> ……。　年輕的一代
>
> 想另一個大陸；流亡潮嗎
>
> 讓它去沖打香港，留學潮必須
>
> 去沖打美國，更芬芳的海岸
>
> （〈在我們這時代〉《安石榴》）

〔註4〕可與余光中〈腐儒〉一詩（收在《天國的夜市》）參看。

1950 年由於中共介入韓戰，美國便積極以教育、經濟、軍事等援助，扶助在臺灣的國民政府，對臺灣大量輸出美國文化，更以經費補助臺灣學生，到美國留學，使這些留學生回國後宣揚美國文化，增強美國對臺灣的影響力。於是從1951 年起，大量的美援湧入臺灣，大規模與美國的「文化交流」，幾乎攏斷臺灣與其他各國的文化管道。「美新處」（美國新聞處 United States Information Service，簡稱「USIS」）的圖書館是臺灣青年流連之處；其推行的藝術活動更使臺灣人趨之若鶩。《今日世界》（*World Today*，為《今日美國》之更名）及美新處所譯介的文學作品或書籍，都成為當時臺灣的暢銷書。〔註5〕更有一大堆的臺灣人，趕赴新大陸冀望成為美國公民。臺灣當時的崇美、媚美，幾乎成為全民運動：

> 瑪麗的愛犬也走上前去，
>> 和露西的愛犬交際。
> 露西的愛犬問它的項圈，
>> 是銅的，還是金的。
> 「銅的，」瑪麗的愛犬回答。
>> 「銅的！我的是金的！」
> 露西的愛犬聳一聳肩頭走開，
>> 「而且是美國製的！」
> （〈項圈〉《天國的夜市》）

此詩寫於 1954 年，余光中用尋常的狗鍊，都要用「美國製」去炫耀，可見當時臺灣崇洋媚外風氣之嚴重。

在這樣的時代浪潮中，臺灣的年輕人不會去關心，中國大陸大量湧向香港的流亡難民，他們關心的是如何到美國留學，最好是能移民新大陸。因為他們聽說那裡的海岸，更「芬芳」、更安全。於是一股出國的留學潮，從臺灣洶湧地沖向美國海岸，拍打著美國移民局，崇洋媚外的心理瀰漫整個臺灣社會。老的「向古代，無助地傾斜」；年輕的又崇洋媚外，狂湧向新大陸，留下來的則是未「老」不「少」的「中年」人：

> 留下中年的我們，舊大陸
> 的日子不美，新大陸

〔註 5〕參見朱芳玲，《六〇年代臺灣現代主義小說的現代性》。（臺北：臺灣學生書局，2010），頁 100～121。

　　沒有我們的日子，麻將桌上

　　沒有我們的位子

　　托福不是我們的考試

　　誕生，在兩次大戰的齒間

　　沒有戰後，無所謂戰前

　　委委屈屈，畸形地長大

　　長大了，但一直沒有長成

　　靈魂的氣象史上，經常保持

　　至少，兩個颱風的威脅

　　歷史的惡作劇，這就是

　　歷史，一個齷齪的笑話

　　上一代，拿我們來開心

　　下一代，下一代被我們

　　晚雲燒，多風的島，島上的黃昏

　　在一張訃聞的背後，狠狠地，我寫

　　——在我們這時代

（〈在我們這時代〉《安石榴》）

當時留在臺灣的外省中年人如：余光中，既不能回大陸，又無法去美國；不想在麻將桌上混日子，又不能出國。只好留在臺灣，「委委屈屈，畸形地長大」。生在兩次大戰之間，對他們來說，無所謂戰前與戰後，國家一樣是亂糟糟，一樣要到處流離失所。長是長「大」了，卻算不得是長得「成熟」了——在刻意營造的「氣象」中「成長」，是很難「長成」的。他們的心靈，永遠留存著歷史上那「兩個颱風的威脅」。這「兩個颱風」，以今天看來，或許只是歷史的「惡作劇」——千古興亡事，都付笑談中。回顧「歷史」，歷史常常只是「惡作劇」一下而已。如此說來，「兩個颱風」是「上一代，拿我們來開心」，那麼我們對下一代，該不會也來個「齷齪的笑話」吧！這話似事後的輕鬆笑談，實則沉痛異常，在不甘心中，忍不住露出尖酸、揶揄的酸辣味。

　　此詩語勢凌厲，語句如「沒有……能……」、「……沒有我們的……」、「……不是我們的……」、「沒有……，無所謂……」，都是咄咄逼人的語氣。詩裏說是在 1967 年，「狠狠地」記錄那天自己靈魂的氣象：「黃昏」、「多風」、「晚雲燒」。「風」多、晚雲又紅通通地「燒」，這些都是激烈的意象，象徵心情激動

難平。詩人並強調把這「靈魂的氣象史」特意記「在一張訃聞的背後」，則暗含詛咒這時代早日離去的用意極為明顯。余光中自覺得此詩下筆太重：

> 語氣峻峭，咄咄逼人，有失溫柔敦厚，所以沒有收入《在冷戰的年代》，也一直不曾發表。近日在舊稿底下翻了出來，覺得詩中所言，雖似苛刻，卻具誠心，可以為「靈魂的氣象史」作時代的見證，乃決定把這枚出土的未爆彈，寄給向明。（〈在我們這時代・後記〉《安石榴》）

「文變染乎世情」，在臺灣戒嚴時期那樣高壓的政治體制掌控下，才催生出詩人這樣激越的詩情。當時的他，既反對現代主義與現實社會的疏離，面對政治上的壓抑，他只能用這種反諷、隱喻與象徵的方式，幽微地為時代留下見證。這雖是詩的「變聲」，其價值應不亞於溫柔敦厚的「正聲」才是。

戒嚴時期的臺灣就這樣夾在，表面上一定要「復興中華文化」，而骨子裏頭又極嚮往西洋現代的矛盾中。印章文化就是這種矛盾的殘留「餘」跡──寧可不便，也不能有損文化尊嚴：

> 每當我呆呆地立在窗口
> 對著一只攤開的纖手
> 拿不出那塊宿命的石頭
> ……
> 就覺得好奇怪啊
> 髣髴還是在石器時代
> 一件笨拙的四方暗器
> 每天出門要帶在袋裏
> ……
> 死後要一塊石頭來認鬼
> 活著要一塊石頭來認人
> 為什麼幾千年後
> 還掙不脫石頭的符咒
> （〈石器時代〉《夢與地理》）

余光中認為，私章的篆刻藝術是中華文化的一大特色。但是證明身分，親手的簽名卻敵不過一顆頑石的可靠，這是不切實際也不合邏輯的。在逐漸成為地球村的時代，臺灣以復興文化之名，不肯與世界同步，讓臺灣顯得落伍、守舊，

余光中喻之,好似仍停留在「石器時代」一般,這比喻雖然誇張,卻能凸顯文化若跟不上時代,古中國的死以「石」碑認鬼,生以「石」印認人,適足以成為今日民族的負擔,復興中華文化不是一直把石頭留在口袋,復興文化不是這樣復興的。

二、解嚴後的臺灣社會

蔣經國於 1987 年 7 月 14 日宣布臺灣地區解除戒嚴令(簡稱「解嚴」),改以「動員勘亂時期國家安全法」(簡稱「國安法」),此令在 7 月 15 日零時起正式生效,結束臺灣長達三十八年的戒嚴時期。

解嚴後的臺灣,民主化、自由化雖邁進了一大步,但戒嚴時期的積弊未除,對接踵而來的開放,又未做好周全的準備,於是隨之而來的亂象層出不窮,把一個小小的島國搞得有如沸鼎:

> 在那擁擠的島城裏
> 就像在一隻小鍋底
> 名人或是新聞
> 一炒便熱
> 再炒便焦
> 火氣那麼大只為了
> 爭一個小灶
> 即使隔海
> 也嗆得人一臉煙
> 彷彿心跳
> 還留在鍋裏煎熬
> 被層出不窮的
> 一場又一場惡夢
> 炒了又炒
> (〈海外看電視〉《五行無阻》)

解嚴後的臺灣,選舉成為取得政治權力的重要手段,所以政治上的事無論大小,極容易被有心人士操弄成政治事件。加上媒體的幫襯、渲染,「電視機滔滔的呼喝」,[註6]很容易就被炒得火爆,成為天大的新聞,而遂其政治利益

[註6] 見余光中,〈停電〉《五行無阻》。

與目的,也就是詩中所說的「……只為了/爭一個小灶」。臺灣很小,鍋子很小;小鍋易熱,一下子就熱氣燻騰,稍一不慎就炒焦了。在有心人士的煽風點火下,不論大小事、任何議題,都可以把全臺灣的人攪在小鍋子裡熱炒,直到大家「焦」頭爛額為止。「炒」雙關「吵」,吵得沸沸揚揚、熱氣熏蒸;吵得每個人的火氣都很大,即使稍稍離開灶火——如此詩,詩人暫時離開臺灣,遠在加拿大——隔了個廣闊的太平洋,也換了個換日線,卻一樣被那煙燻得倒「嗆」不止。在不願炒人,也不甘心被炒,又終究得「回鍋」的情勢下,所以人雖在加拿大,「心跳」卻還是在小鍋裡,仍是讓那烏煙瘴氣,把一顆心「炒了又炒」,煎了又煎,真像是惡夢一場的「煎熬」。這就是兩千三百萬臺灣人在「火爆小油鍋」的心情:

> 兩千萬顆的莫奈何
>
> 讓一把神祕的黑鏟
>
> 一下子挑撥
>
> 一下子攪和
>
> 一邊炒成了焦土
>
> 一邊半生不熟
>
> (〈海外看電視〉《五行無阻》)

詩人認為臺灣被「一把神祕的黑鏟」,在暗中「挑撥」、「攪和」著。這把神祕的黑鏟是意識形態?或是省籍情結?抑或是有心人的政治野心?還是嗜血的大眾媒體?總之,兩千三百萬人竟對之束手無策,無可如何。任其炒過來、攪過去,每每不是把臺灣「炒成了焦土」,就是「半生不熟」地成不了什麼氣候。就因這把神祕的黑鏟,解嚴後的臺灣錯失躋身世界一流的良機,虛耗了許多國力,滯留在原地踏步,無法大步向前。余光中痛稱這是臺灣「囂張的當代」,它承載了過多的「不堪」與「不快」,臺灣成了「超載之島」,是「不堪超載的島國」。〔註7〕

這些政治或社會亂象,掩藏在表面看似繁榮的經濟之下。這種繁華的表象,余光中藉由一張「交錦錯繡的金絲線」所編織的「大蜘蛛網」為意象:

> 交錦錯繡的金絲線
>
> 正編織西岸燦燦的夜景
>
> 串不盡翡翠與瑪瑙,盤盤,囷囷

〔註7〕見余光中,〈停電〉《五行無阻》。

　　　向繁華的蕊心輻湊，聚焦

　　　數不清的蛾，蝶，金甲蟲，紛紛

　　　那許多顫動的發光體啊

　　　全落在一張大蜘蛛網裡

　　　閃閃地掙扎，飛，不出去

　　　（〈飛越西岸〉《高樓對海》1996 年）

許多的蛾、蝶、金甲蟲，全惑於閃閃發光的翡翠與瑪瑙，紛紛墜入這由「那隻人人都喊捉／卻無人敢捉的黑蜘蛛」所編織，金光「燦燦」的大蜘蛛網中。再怎麼掙扎也飛不出去了。那隻黑蜘蛛盤踞在「那張密密的金網」中心，「人人都喊捉／卻無人敢捉」。不管牠反映的是「黑金」的猖獗，還是某類的負面人物，或逕是人類貪婪的本性，正像迷失於追求浮華的虛榮，再也掙脫不開的臺灣人一樣：

　　　美，已經從無奈的指縫

　　　從合污的島國永遠失蹤

　　　……

　　　只剩下無助的我們

　　　按時納稅，填表，選騙子或流氓

　　　七點看荒謬，八點看荒唐

　　　慣於瑪丹娜的挑逗樂，麥當勞的餵養

　　　（〈白孔雀──觀楊麗萍舞〉《五行無阻》1994 年）

總之，它正逐步腐蝕臺灣人善良淳厚的本性以及好不容易厚植的經濟實力與自由、民主的基石，臺灣的繁華似乎只是在「炫耀它虛幻的病態美」，讓人一點都沒有穩固、踏實的感覺：

　　　但願我真是一尊神，破空而降

　　　向那張密密的金網

　　　把那隻人人都喊捉

　　　卻無人敢捉的黑蜘蛛

　　　霹靂一探臂就逮住

　　　只恨我並非神明，徒任

　　　那一地惑人的豪奢

　　　炫耀它虛幻的病態美

何況機翼已傾斜，輪架正轆轆

像一隻無助飛蛾，我同樣

被那張魔網吸──下去

（〈飛越西岸〉《高樓對海》）

詩人自忖也是「一隻無助飛蛾」，同樣被那張魔網、這個「貪婪之島」吸了下去。它不是憑一己之力就能「探臂」逮著的──除非是神。這種無力感不時地槌擊著詩人的心，他無力扭矯，又不甘被操弄，排解這種無力感，只有付之苦笑：

無緣無故地笑一笑

人類已經太蒼老

美麗的禽獸快滅種

（〈無緣無故〉《五行無阻》）

人類這種「美麗的禽獸」已不可救藥了，只有「笑一笑」，為自己揪結的心稍做寬解，是否寬解得了，天知道。這真是極失望與洩氣的話。「無緣無故」正說明它無時不在揪扯著，卻又莫可奈何。「笑一笑」是沒有辦法中，自己唯一能做的事。

　　對這種甩脫不開的困境，人類通常會訴之幻想，聊以寬解。於是詩人異想天開地想到來個大停電，把這個囂張的世界點個「穴」，讓它「定格」，暫時不能再囂張，這也是一大快事。

　　電停了，世界回到沒有電力的古代。蠟燭，找杜牧、義山去借；月光呢，有李白共享；這樣，心才能貼近自然，與之感應：

我起身去尋找蠟燭

卻忘了杜牧那一截〔註8〕

在哪家小客棧的桌上

早化成一灘銀淚了

若是向李商隱去借呢

又怕唐突了他的西窗

打斷巴山夜雨的倒敘

還是月光慷慨，清輝脈脈

〔註8〕杜牧〈贈別〉之二：「多情卻似總無情，唯覺尊前笑不成。蠟燭有心還惜別，替人垂淚到天明。」

　　　　灑落我面海的一角陽台

　　　　疑是李白傾側了酒杯

　　　　這才聽見下面那海峽

　　　　潮聲隱隱如鼾息，帶著蟲聲

　　　　夜氣嗅得出陣陣水氣

　　　　試探的蛙聲，寥不成群

　　　　提醒我初夏已到壽山

　　　　（〈停電〉《五行無阻》）

鼻子嗅得出水氣，耳朵聽出潮聲如鼾息，更聽到蟲聲隱隱約約地叫著。可喜的
是，只有初夏才有的蛙聲，稀稀落落、時有時無地叫著。是啊，夏天來了，夏
天已來到壽山了。這是余光中在不是颱風天的停電夜，與大自然的接觸。他愛
這樣的清靜，他愛這樣有古味與自然貼近的世界，這樣的世界在今天只有停
電，才稍稍「換」得回來。

　　　　給我們一個停電夜吧

　　　　歐菲莉，讓這超載之島

　　　　在海濤單調的催眠歌裏

　　　　睡一個安穩的好覺

　　　　讓眼睛躲藏於陰影

　　　　讓耳朵休息於寧靜

　　　　讓慚愧的手按在心口

　　　　感覺自己血流的節奏

　　　　讓我，在風雨咆哮的中央

　　　　燃起一枝念舊的白燭

　　　　一首漢魏的古詩

　　　　為家人輕輕地吟哦

　　　　像幼珊姐妹小時候那樣

　　　　（〈歐菲莉〉《安石榴》）〔註9〕

為了可以不再忍受這「囂張的當代」的折磨，為了有一個清靜的夜晚，詩人竟
祈禱一個沒有「傷今」災情的颱風來臨，讓他享受「一個懷古的停電夜」。他

────────────────
〔註9〕「歐菲莉」（ofelia），1990 年 6 月 22～24 日侵襲臺灣的颱風名，在花蓮登陸，
　　　造成 39 人死亡，10 人受傷，參見臺灣氣象局網站 2011.6.12，網址：http://photino.
　　　cwb.gov.tw/tyweb/mainpage.htm

知道這祈禱太「天真」，卻仍忍不住這樣盼望著。這樣的停電夜，全部的螢光幕都被颱風吹熄：

> 給我們一個噪音的假期
> ——免於明星的姿態，政客的嘴臉
> 免於專家的侃侃，廣告的喋喋
> 火災現場的危牆，凶宅的血跡
> 緝私豐收的毒品和兵器
>
> （〈歐菲莉〉《安石榴》）

沒有搔首弄姿的明星，沒有言行不一的政客，沒有聒噪的專家與廣告，沒有血跡斑斑的凶宅，更沒有火災現場的危簷頹壁，連毒品和兵器也從眼前消聲匿跡了。眼睛在陰影中雖然發揮不了作用，耳朵卻可以在寧靜中得到充分的休息。手可以清清楚楚地感受自己的血流、觸摸心跳的節奏。只有嘴巴不休息，「輕輕地吟哦」著舊詩古詞，與家人同吟細品，就像從前那樣。這就是余光中在囂張的當代，所期待沒有災情的颱風停電夜。

第二節　解嚴後的臺灣政治現象

有人形容政治是一種巧妙的騙術，識穿其中技倆總不免令人憂心、作嘔。余光中詩中寫到臺灣解嚴後的政治現象，有兩大主軸：其一，是醜惡的政治怪象；其二，則是臺灣海峽兩岸的政治局勢。這些詭譎的政治現象所引發的不安，雖非臺灣所獨有，卻令臺灣當今的有識之士摧心傷腸，痛苦異常。

一、醜惡的政治怪象

選舉民意代表是民主社會政治運作的必要方式，余光中期待這種選舉是「美麗的選舉」：

> 不罵對手，不斬雞頭
> 要比就比各自的本色
> ……
>
> 把路人引誘過來的
> 不是紅苞，是紅葩
> （〈敬禮，木棉樹〉《紫荊賦》）

不罵、不斬、不包，憑紅豔的「本色」吸引選民的青睞與認同，這是余光中在 1982 年高雄選市花，木棉以一萬六千多票壓倒群芳當選時所讚美的。余光中在詩的〈後記〉說：

> 這真是一次乾乾淨淨的競選，沒有意氣，沒有迷信，更沒有賄賂，
> 令人高興。木棉素有英雄木的美名，不但高大雄偉，合於「高雄」
> 的標準，而且其為形狀，樹幹立場正真，樹枝姿態朗爽，花葩顏色
> 鮮明，肝膽照人，從樹頂到樹根，沒有一寸不可以公開。這種民選
> 的市花才能真正地為民代表，值得我國的民意代表奉為典範。

競選必須是「乾乾淨淨」的，沒有意氣用事的冷嘲熱諷，也沒有宗教迷信，更不許有賄賂紅包的出現。選出來的民意代表，也必須是光明磊落，無一事不可以公開示人，這才是真正的民意代表，也是民主國家理想的民主典範。可是臺灣在實施民主政治以來，卻產生許多的政治怪象：

> 為何有人打高爾夫
> 而我們擠成蝸牛族
> 為何從頭條到末版
> 報紙愈讀愈不堪
> 當一切諾言都是謊
> 選誰不選誰都一樣
> 一樣都荒唐……
> （〈無緣無故〉《五行無阻》）

政治人物濫用特權，說一套做一套，空口說白話，欺騙人民。乾淨的選舉難尋，選舉政見大多是選前端出的牛肉，泰半是不能實現的政治語言，更是欺騙選民的把戲。於是選誰都一樣，到頭來一樣被騙。臺灣實行民主政治的結果，竟是選民一再地被欺騙。這麼醜陋、荒唐的行徑，令人讀起報來「愈讀愈不堪」，甚至為之氣結，只能報以苦笑，徒呼負負。

這種現象是怎麼產生的？余光中給了這麼一個解釋：

> 傳說公雞一叫亮黎明
> 群魔就通通趕回鄷都
> 而今公雞已經不叫了
> 所以大白天也幢幢
> 街頭巷尾都充滿鬼魅

　　　　貪婪的，說謊的，抹黑的

　　　　尤其是在選舉的季節

　　　　在五都

　　　　（〈傳說〉《太陽點名》）

以前有公雞叫醒黎明，群魔聽到雞叫，就知道回遁鬼域，不敢留在人間危害。
而今公雞不叫，天不亮，群魔不回酆都，於是人間充滿鬼魅，鬼影幢幢。熱鬧
滾滾的五都選舉，不是說謊，就是抹黑，候選人如群魔亂舞，到處招搖撞騙。
這不就是《水滸傳》的洪太尉，放走天罡地煞一樣的情景嗎？詩人對這種亂象
的憂心，於此可見。

（一）選舉怪象

1. 選舉有如政治病毒肆虐

　　寫臺灣選舉的荒謬乖誕，余光中大多是從自身受害的角度去寫。他把選舉
期間接二連三爆開的黑幕、醜聞、謊言、暴力、賄選與刺激選民等政治動作與
宣傳，比之為流行病毒。流行病毒在今天，醫學界仍無藥可治，不像細菌已有
抗生素可以抑制。於是這種政治病毒，就像流行病毒一樣，迅速蔓延，傳染力
極強。尤其遇到抵抗力弱、又自嘲「胸腔太窄」、「胃納太小」、「耳朵太淺」、
血壓太高、「橫膈膜太緊」、「體質太敏感」、心臟又太脆弱的詩人，根本禁不起
這種病毒的侵襲，於是肺葉腐敗，肺泡爛成蜂窩，支氣管與氣管長出苔來，加
上咽喉與鼻竇更有入侵的細菌作祟，渾身上下痛苦不堪。余光中稱自己對這種
「政治病毒」，有極過敏的「潔癖」，等於患了一種「自虐症」；就像屈原，杞
人憂天地自苦著，所以醫師開給他的藥方：

　　　　是退掉報紙，關掉電視

　　　　避過早晚一再的打擊

　　　　麥克風必須躲開，還有

　　　　台上那幾張真假面具

　　　　（〈深呼吸──政治病毒一患者的悲歌〉《高樓對海》）

於是每天黃昏「三台發作的時辰」，他「獨坐在防波堤上」，「開始深呼吸」，如
此那一堆惡氣，如：

　　　　日夜積壓的那一腔暮氣

　　　　掀頂而出的那一股怒氣

　　　　戾氣，脾氣，小氣，鳥氣，廢氣，晦氣

> 還有流氣，油氣，邪氣與腥氣，種種
>
> 壞風氣，惡習氣，令人喪氣又生氣
>
> （〈深呼吸——政治病毒—患者的悲歌〉《高樓對海》）

他「狠命地吐出」這些惡氣，再徐徐、深深地吸吞：

> 淋漓的元氣
>
> 澎湃的水氣
>
> 磅礡的大氣
>
> 周行不殆沛然而不衰的浩氣
>
> 先知的膽氣
>
> 英雄的豪氣
>
> 烈士的骨氣
>
> 隱者的傲氣
>
> （〈深呼吸——政治病毒—患者的悲歌〉《高樓對海》）

選舉所產生的那一大堆惡氣，詩人須得靠這麼多正氣與之對抗，才能奏效。如此深深地一呼一吸，「直到那深呼吸，安詳而舒暢」，呼吸的頻率上接天風，下通海流，自己渾然與天地合而為一，超然成仙，與達摩、許由並列。然而這超現實的幻想，馬上又被驚醒：

> 又一輛競選的宣傳車
>
> 咆哮而過
>
> （〈深呼吸——政治病毒—患者的悲歌〉《高樓對海》）

「咆哮」，將宣傳車蠻橫、霸道，強行推銷的囂張模樣，寫得很傳神。是啊，有這樣無恐不入的政治病毒，在周遭散播，除非自己成為化石，否則是不能倖免於難的。

於是詩人很諷刺地，把賓主易位，用選舉人常用的術語「拜託，拜託」，反過來變成是選民的請託：

> 無辜的雞頭不要再斬了
>
> 拜託，拜託
>
> 陰間的菩薩不要再跪了
>
> 拜託，拜託
>
> 江湖的毒誓不要再發了
>
> 拜託，拜託

　　對頭跟對手不要再罵了

　　拜託，拜託

　　美麗的謊話不要再吹了

　　拜託，拜託

　　不美麗的髒話不要再叫了

　　拜託，拜託

　　鞭炮跟喇叭不要再吵了

　　拜託，拜託

　　拜託，拜託

　　管你是幾號都不選你了

　　（〈拜託，拜託〉《夢與地理》）

詩人不厭其煩地一項項列舉，選舉令人受不了的花招與技倆：斬雞頭、跪菩薩、發毒誓、謾罵、扯謊、飆髒話、亂放鞭炮、亂按喇叭。整首詩仿候選員的用語「拜託，拜託」，反過來變成選民的請託，詩人用嘲仿（parody）的手法，〔註10〕雖然頗有諧趣，然其態度是嚴肅的。「……不要再……了／拜託，拜託」，同一句式一貫到底，顯示其對選舉一連串的怪異、荒謬，已到不堪忍受的狀態，那種情緒即將爆炸的口氣，讓讀者切身感受詩人真真是不勝其煩哪。

　　2. 秋後「賴」賬

　　選舉期間選民是這樣地被侵擾、轟炸，選後選舉人的政治支票則一一跳票，形同賴賬，余光中稱之為「秋後賴賬」。他把選舉旗幟比擬為選票，用旗幟折倒，象徵候選人選舉支票跳票，選民的選票如廢紙一張的慘敗情形——在「一串密集的鞭炮」、「嗆咳的硝煙紙雨」過後：

　　桿折，旗倒，全軍覆沒

　　不分敵友，更無論編號

　　只見傷亡枕藉，滿坑滿谷

　　一夕之間全作了廢票

　　而不論上面印的是什麼

〔註10〕 「parody」是文學批評的術語。指幽默、詼諧地模擬他人作品，如作家的風格、語氣、題材等等。模擬者需抓住對方的特點，加以仿傚、強調，以達到像漫畫一樣地滑稽幽默效果。參見 C.R.Reaske 著、徐進夫譯，《英詩分析法》（*Hov To Analyze Poetry*）。（臺北：成文出版社，1977），頁 60；張錯，《西洋文學術語手冊——文學詮釋舉隅》。（臺北：書林出版有限公司，2005），頁 215～219。

> 這一切信誓旦旦，大言炎炎
>
> 樣版的豐采，招牌的笑面
>
> 管你是正是反，是倒是顛
>
> 一視同仁，都被車塵抹黑
>
> （〈秋後賴賬〉《高樓對海》）

候選人樣版式的豐采，招牌式的笑臉，選旗上「信誓旦旦，大言炎炎」的承諾，在一陣鞭炮過後，隔天「桿折，旗倒」，全遭過路車輛及塵土的「抹黑」。行人不再回顧，前日「拍胸握拳的候選人」，更是掉頭不顧，一副硬拗、抵死不認的耍賴模樣。選上後該兌現的政治支票，「傷亡枕藉」，只有風偶而來翻弄一下，之後則悉數落入清潔員的垃圾袋中，候選人的選舉支票成了廢票，選民的這張選票也形同廢票，這樣的選舉惡風，寧不令人氣結。

（二）政治歪風

1. 怒斥：政客的耍特權

> 這貪婪之島特權之鄉一只小白球
>
> 從今天昨天明天天天一樣荒謬的頭條
>
> 正當我張口要驚呼
>
> 竟以那樣準確的無禮
>
> 不偏不倚，命中了我的咽喉
>
> 而且哽在這裡，連憤怒帶鬱卒
>
> 變成一球再也進不了洞的
>
> ──他媽的喉核
>
> （〈喉核──高爾夫情意結之一〉《高樓對海》）

臺灣政治人物喜歡濫耍特權，這些特權使他們違法亂紀，也使國土被特權人士竊占，山坡地被濫墾濫建，空氣污濁溪河被污染。政治人物的無法無天，更使臺灣的犯罪率節節昇高，犯法又犯規的火燒島人滿為患；然而「一公頃又一公頃的私家草地」──高爾夫球場──卻一家又一家地開，「上有所好，下必甚焉」之故。

政治人物耍特權，既敗壞官箴，又帶頭蔑視法紀，這等醜惡行徑，讓詩人如喉核在喉。喉核在咽喉中間，吞不下也吐不出來。就如詩人既吞不下政客目無法紀地耍特權，也無法遏止這種政治歪風，將之咳吐出去。詩人以政客好打高爾夫球為喻，用誇張的手法，描寫這號政客打出的高爾夫「白」球，無禮而

準確地命中他的咽喉，像喉核一樣地卡在喉嚨——既進不了「喉」洞，連驚呼都不能，更別說想表示意見了。這使詩人「連憤怒帶鬱卒」，忍不住罵出了髒話：「他媽的喉核」。二十七年前（1968年），詩人也曾有「要超就超他娘東方的現實」句（〈超現實主義者〉），這裡又出現一次，兩次事件若非令其厭惡、鄙夷之甚，豈有以「他娘」、「他媽的」這種粗話入詩之理。

2. 諷刺：言不由衷

諷刺在中文有許多同義詞，如嘲諷、譏諷、譏笑、揶揄……等，意義其實並無多大分別，但在西方的文學批評裡，則有 sarcasm、satire 與 irony 的分別：

「譏刺」（sarcasm）：指懷有惡意或敵意地攻擊對方，尖酸刻薄、話中帶刺地侮辱對方，可說是「出口傷人」型或「熱諷」型。

「諷刺」（satire）：以輕視、冷酷態度，揭示對方的邪惡、狂妄、愚蠢等等心態，以期對方改過遷善，或喚醒人心，改善社會風氣，道德訓誨的目的極為明顯，規「諷」多於譏「刺」，可說是「冷嘲」型。此法下手也毫不留情，像拿起棍子，打得對方翻滾叫喊。

「反諷」（irony）：指文本的字面意義，與其所暗示的另一意義，恰好相反，可說是「口是心非」、「含沙射影」型。其話中帶刺地表面褒揚，實則暗中挖苦，使對方苦得分不清，是否人家在毀傷他。

本文所指的「諷刺」屬 satire 與 irony 兩種。

（1）上位者徒託空言

「聖人無常心，以百姓心為心」，〔註11〕這是《老子》書中標舉的政治家典範。「天矜於民，民之所欲，天必從之」《尚書·周書·泰誓》，也以視民之所需，為施政的依歸。臺灣某位總統也曾以「民之所欲常在我心」，標榜自己是關心民瘼，視民如傷的。可是這位政治人物與臺灣人民的距離卻隔得好遠，詩人認為至少是隔著一座高爾夫球場，好幾公頃那麼遠的鮮綠「草原」，於是詩人以其打高爾夫球的意象加以揶揄：

> 就算你猛力揮桿吧
> 那一隻高貴白球
> 也落不到我們身邊
> ……

〔註11〕〔晉〕王弼注、〔清〕嚴復評點，《評點老子道德經》下篇〈四十九章〉。（臺北：廣文書局，1970），頁13。

> 無論你揮舞的姿態
>
> 擺得有多麼優雅
>
> 傳到我們台下
>
> 也無非只是
>
> 又一陣耳邊風
>
> (〈麥克風，耳邊風——高爾夫情意結之二〉《高樓對海》)

口中說著「民之所欲常在我心」，雙手卻猛力揮擊高貴的小白球，眼睛關注的是球是否入了球洞，而非「民之所欲常在我心」是否進了人民的耳洞。此「洞」非彼「洞」，詩人用不同的「洞」，映襯這種可笑的政治畫面。政客的政治語言失信、失效，造成臺灣人民不再相信政治人物所說的話。當政治人物拿著麥克風講得口沫橫飛時，詩人說只當秋風過耳邊。「只憑一張嘴就能當選總統」，希望能在臺灣成為絕跡。〔註12〕

(2) 議事者唯利是圖

余光中譬鴨塘為一面鏡子，鴨塘中的鴨群是來來去去的「白衣客」，在水鏡中掀起「永不休止的漣漪」，詩人說像這樣的鴨塘：

> 能照出誰的影子呢？
>
> 淺淺的水塘是一間會議廳嗎？
>
> 那許多翩翩的白衣客啊
>
> 整天在廳上議論紛紛
>
> (〈鏡中天地——題我存攝影十題之七〈鴨塘〉〉《安石榴》)

鴨塘這「小小的水塘」就是「一間會議廳」。它映照的是會議場所議事的「翩翩」「白衣」委員先生們，他們七嘴八舌地「議論紛紛」。「議論紛紛」雖未必有「言不及義」的貶損意涵，但接下去卻是一幅令人玩味的畫面——在群鴨呱呱噪啼的同時：

> 偶爾有誰一低頭，像是
>
> 向對方深深地一鞠躬
>
> 啊不是，不是在鞠躬
>
> 是向淺淺的鏡底
>
> 一伸頸銜起一條蟲
>
> (〈鏡中天地——題我存攝影十題之七〈鴨塘〉〉《安石榴》)

〔註12〕此詩可與〈一張椅子〉(收在《高樓對海》) 合觀。

粗看是「偶爾」會有隻鴨「向對方深深地」一鞠躬，實則此鴨是伸頸「向淺淺的鏡底」銜起一條美味可口的蟲。向人「深深地」鞠躬，反襯向「淺淺的」鏡底銜蟲的敏捷——「一伸頸」——既鮮活地勾畫出鴨子覓食的動作，也暗諷任何議事的場合，都可能同時有上下其手、營取私利的人。鴨群如此，議會群建亦何嘗不是如此。

這首詩以鴨塘譬喻會議廳——任何的議事場所，小自各機關團體的會議室，大至立法院等國會殿堂都有可能。「白衣客」的鴨子則似打扮光鮮，穿著西裝革履的議事先生們。他們衣著光鮮，極光明潔「白」；在議事廳上，謗議洶洶，掀起「永不休止」的舌尖爭端。「一伸頸」的「一」字，使精準、迅捷、百無一失之樣態，躍然紙上。

詩人諷刺會議廳，只是一池「小小的」、「淺淺的」水塘，養的是見「蟲」利也不放棄的小鴨子們。牠們往來於議事廳堂，汲汲營其「私」利，水塘怎麼能平靜無波，小小的會議廳常是逐利的場所。以小見大，「蟲啄剖梁柱」，寧不三思。

3. 批評：失當的舉措

（1）不法官員的違法亂紀

民主政治的清明，最需從政官員的清廉守法，貪贓枉法亦為詩人所痛惡：

> 禮部尚書愛送酒，不送書
>
> ……
>
> 酒未入口，名卻見報
>
> 可以想見你無奈的苦笑
>
> 同樣的懊惱，齊老師
>
> 連東坡先生也有份
>
> 更在詩裡責怪章質夫〔註13〕
>
> 「豈意青州六從事　化為烏有一先生」〔註14〕
>
> 禮到，酒不到，失禮了
>
> 要問無禮的禮部尚書

〔註13〕余光中在詩後附註云：「蘇軾此詩題目很長，叫做〈章質夫送酒六壺，書至而酒不達，戲作小詩問之〉。」

〔註14〕余光中在詩後附註云：「桓玄有主簿善品酒，曾稱美酒為青州從事，劣酒為平原督郵：隱喻美酒力可到臍（青州有齊郡），而劣酒只能阻於膈上（平原有鬲縣）。典詳《世說新語·術解》。」

（〈慰齊邦媛老師〉《中國時報》2008 年 7 月 30 日載）

「禮部尚書」影射臺灣某前教育部長，曾以餽贈社會名流名義，核銷其「首長特別費」。社會名流成了「人頭」賬戶，然而其核銷項目卻「張冠李戴」，其中有一項是將香檳酒送給齊邦媛教授，實則是送予某總裁，全案經檢方偵察後，事情才曝了光。〔註15〕

（2）失意政客的不當抗爭

在民主國家，許多不同的政治訴求得不到當政者採納，就會運用許多抗爭手段，去對抗執政當局，以達到其政治訴求的目的，絕食是其中一種。余光中對這種抗爭方式，曾提出批評。他認為絕食者雖然損傷的是自己的肚皮，終究不能消弭人家對其絕食動機的質疑，因為：

> 革命是一座美麗的蜃樓
>
> 前門旗幟輝煌
>
> 後門對著曖昧的小巷
>
> （〈絕食者〉《藕神》）

多少人自稱革命鬥士，打著冠冕堂皇的革命口號，插著輝煌的旗幟，旗海飄颺；背後卻是貪婪的私慾，這就是余光中說的「曖昧的小巷」。所以絕食並不能釐清絕食者的動機是否純正，它是雖不損人卻也是不利己的行為：

> 各就各位吧，你的繼位者
>
> 拱在高高的殿堂
>
> 而你，蹲在樓下廣場
>
> 沒有選票，也沒有敵人
>
> 你已經一無所有
>
> 除了一個歸零的圓頂
>
> 餓吧，沒有英雄的年代
>
> 損人不如損己
>
> 餓癟你滿肚的不合時宜
>
> 餓剩終極的寂寞與乾淨
>
> 抖一抖兩袖空空
>
> 雨衣不帶走一片疑雲

〔註15〕事見《中國時報》2008 年 7 月 16 日報導。

（〈絕食者〉《藕神》）

昔日的革命戰友，如今被「拱在高高的殿堂」，享受你們革命所得來的利益；
而你卻「一無所有」地蹲在他的殿堂廣場，這是多麼大的反差。現在你已回到
革命的原點，一切「歸零」，就像你圓圓的頭顱，上面什麼都沒有──沒有選
票，也沒有敵人──憑什麼抗爭呢？這是個「沒有英雄的年代」，「餓」不出英
雄的。如果堅持要絕食，隨你吧！反正這是損己不損人的事。仔細想想，絕食
對你唯一的好處是，可以把「滿肚的不合時宜」，餓得癟癟的，讓它不再作怪。
最後就只剩「終極的寂寞與乾淨」，抖抖空空的兩袖，那件雨衣還是帶不走，
人家對你絕食動機的「疑雲」，有什麼用呢？

（3）落魄文人的暱名恐嚇

更有詩人杜十三使出恐嚇當局的激烈手段，[註16]余光中更是期期以為
不可：

> 筆，真的勝不了劍嗎？
>
> 詩人扮刺客，終非上策
>
> 首先是兵器不合
>
> 用話筒，不用筆鋒
>
> 其次是文體不對
>
> 不用詩，卻用了散文
>
> 那是法律的禁區
>
> ……
>
> 莫以十三撞七力
>
> 無論分身或本尊
>
> （〈致杜十三〉《藕神》）

詩人最擅長的武器是舞文弄「筆」，不是電話聽筒；詩人攻擊敵人的方式是用
詩，不是用散文；詩人施展的招式是類似暗器的隱喻，不是直言恫嚇。而你
卻捨棄了這些，去扮刺客，恐嚇院長。以「杜十三」直接去撞「宋七力」，不
管衝撞的是本尊還是分身，那都是法律所不允許的，更不是你杜十三所專長
的呀。

〔註16〕2005 年 11 月 1 日中午，行政院辦公室接獲一名男子電話，說是台灣解放聯盟
　　　　成員，已宣判謝長廷死刑，執行對象包括謝院長及其家人。此事經刑事警察局
　　　　追查，發現此名男子竟是著名詩人「杜十三」（原名「黃人和」），被依恐嚇罪
　　　　移送士林地檢署偵辦。2010 年 9 月中旬因心肌梗塞猝逝南京，享年六十。

　　可見余光中認為，詩人匡時濟俗最厲害的武器還是筆，筆是他彰顯美惡、針砭時弊的最有力武器。他用筆向政客宣戰：若論涵蓋面積，自己用過的稿紙拼貼在一起，也敵不過政客「那片驕翠的球場」：

> 但是我筆尖到過的地方
> 你那只潔白的小球
> 也無法夢想
> 儘管滿袋子都是高球證
> 也未必保證
> 進得了青史，更莫提天堂
> 小心了，否則你顯赫的名字
> 有一天落進
> 我詩句的小註裡，淪為僻典
> 而白球呢滾入了野草深處
> 就算出動全部的桿腳
> 也遍尋不著
>
> （〈十八洞之外——高爾夫情意結之三〉《高樓對海》）

稿紙面積比不上高爾夫球場的廣闊，但若論影響的深遠，則詩人筆尖所到處——青史或天堂——小白球恐未必到得了，更遑論是高爾夫球證了。詩人提醒高高在上的政客，今天「你顯赫的名字」，將來恐只淪為我詩句裡的小小註腳或冷僻的典故而已；而其關注的小白球，將滾入歷史的野草叢深處，縱使出動全部桿腳，也找不著的。詩人要說的是「不爭一時，該爭的是千秋」。

（三）一股清流

　　在這麼滿是烏煙瘴氣的政治生態中，只有一位得到詩人讚美。她像一條清溪，在政壇的最邊邊，自顧自地流著。始而令人錯愕，繼則令人驚喜，最後贏得臺灣百姓的掌聲。那種不虛矯、不慕榮利、不在乎流言蜚語的「大膽」行徑，與其他虛偽、矯性、浮華的政治時尚，形成強烈的對比，詩人譽之為「百年難一見」：

> L.V.，Gucci，Fendi，Bulgary
> 不用英文，用法文，意大利文
> 都無力叫她回頭一顧
> 最俏，最夯，最酷的時尚

也追不上她最矯捷的健步

……

她排隊總愛排在隊尾

入座常常不坐在前排

……

眈眈的鏡頭再尖，再快

也捉不到半粒克拉的首飾

……

時裝界，美容師，狗仔隊

真掃興，都不知從何處下手

（〈某夫人畫像〉《太陽點名》）

她令「L.V.，Gucci，Fendi，Bulgary」「無力」、「最俏，最夯，最酷的時尚」追不上、「再尖、再快」的鏡頭「也捉不到」，時裝、狗仔、美容師「不知從何處下手」，一連串走在時代最前端、最時髦的行業，不是「無力」，就是「追不上」、「捉不到」、無處下手。詩人一再地使用否定句，正是凸顯她對這些虛浮歪風的否定。她「對名車，遊艇，盛宴或豪宅」，既「無趣又無知」，她的奢侈是在對「體育與文化」的贊助，她健步追趕的：

是最慢最苦最土的貧童

那些弱勢弱智化外的孩子

把他們擁抱熊抱在懷中

她投身其中的窮鄉僻壤

荒瘠得種不出選票，鈔票

（〈某夫人畫像〉《太陽點名》）

那些貧童身上、那種「窮鄉僻壤」，是「種不出」選票與鈔票的，她偏偏往這種荒瘠的地方去。鈔票是少了，志工卻多了，據記者採訪社福團體云，平常招募不到的志工，現在一下子就額滿了。

她違反潮流的舉措，令「富」「貴」的精品、時裝界、有「錢」勢的人士不滿，認為「這未免太過不近人情」：

你要去找她說情喬事嗎

我勸你別費事了，聽說

她家透明得藏不了八卦

卻又閉塞得沒有後門

（〈某夫人畫像〉《太陽點名》）

這樣「清」「透」的總統夫人，與前任相較，簡直是霄壤之別。臺灣何幸，能有這樣百年僅見的總統夫人——周美青。

二、談兩岸政局

余光中最常以「海峽的風浪」比喻臺灣海峽兩岸的政治紛爭。它已歷四分之三世紀之久，至今依然狂風不斷、驟雨不歇。雙方不僅你來我往地明暗交鋒，兩岸政策更因此反覆多變。是敵是友、是是非非，變幻莫測。這種不安的政局，牽動著兩岸百姓的生活至鉅，常常是一髮牽則全局為之震動。

（一）文交

改革開放後的大陸與解嚴後的臺灣，常以非官方及文化交流的名義頻繁往來。於是這邊「蘇秦」來，那邊「張儀」去，兩岸說客顧盼自雄地論議著未來兩岸局勢的發展，不停地在兩地來回穿梭，謀獻良策。其精彩程度，較之春秋戰國，毫不遜色。余光中將這幅畫面比之為一盤棋局：一方是猶豫不決、舉棋不定。加上旁觀的群眾，不停地在一旁鼓舌叫囂，使正欲過河的棋子，全亂了章法：

觀棋的手癢，七嘴八舌

指指點點，楚河這一邊

有人催渡河，有人說，不可

棋子們進退兩難

車都塞車，馬都蹩腳

炮都不舉，卒都潰散

但一過了河，車就暢行

炮就轟動，馬就奔騰

三十萬過河的卒子

就忽然恢復了生氣

一進了漢界，棋局

就不再是僵局，是活棋

（〈棋局——觀棋不語真君子，落子無悔大丈夫〉《藕神》）

急欲渡河的是商人，急著到對岸搶商機、爭市場；說不可的是政客，總以「戒

急用忍」影響決策，於是政策總是反反覆覆，匆促下子：

　　　　此岸的弈者沉不住氣

　　　　斥車馬，呵仕相

　　　　卻一直舉棋不定

　　　　而每次草率落子

　　　　立刻又想要悔棋

　　　　更拍案而起，嚷嚷

　　　　「你們不過是棋子

　　　　我，才是棋盤的主人！」

　　　　而對岸，漢界的弈者

　　　　神情淡定，一言不發

　　　　只偶然端茶

　　　　淺淺喝一口鐵觀音

　　　　（〈棋局——觀棋不語真君子，落子無悔大丈夫〉《藕神》）

下棋者不能沉住氣，自然會拿不定主意，又受觀弈者的指指點點，最後總是「草率落子」。可馬上又反悔，怪罪觀弈者的多嘴，惱羞成怒地擺出一副「我才是老大」的樣子。這副畫面將臺灣當局製定大陸政策時，多方掣肘的場面，描寫得很傳神。不管是執政或在野，兩黨總以關心臺灣前途為藉口，硬是在決策時軋上一腳，以做為政治的角力。結果就是在吵吵鬧鬧中，走一步算一步，最後不了了之。

　　可怕的是，對手卻是神閒氣定，「一言不發」，偶而還「淺淺」地「喝一口鐵觀音」。「鐵觀音」既指茶種，又雙關有「觀音」之慧、定。這副似淝水之戰，謝安舉棋若定的模樣，對照前面鬧嚷嚷的場面，的確令臺灣有識之士憂心忡忡。

（二）武嚇

　　臺海兩岸除了「文交」，還有「武嚇」。六十多年來，戰爭的陰影從來沒有停過。強勢的一方動輒以武力做威脅，加以恫嚇。這種挑釁的行為，尤以一九九五年及一九九六年的臺海危機為烈。飛彈聽說不時地越過臺灣海峽，落在基隆與高雄外海。雙方劍拔弩張，戰爭頗有一觸即發之勢。

　　余光中對以武力要脅、恫嚇，深不以為然。他稱這種恫嚇意味十足的飛彈

演習，是「最不美麗」又「最貴」的煙火：〔註17〕

> ……這一閃青天霹靂
>
> 最貴的煙火，最不美麗
>
> 無端端破空長嘯而來
>
> 卻燒斷所有西望的眼神
>
> 把鄉愁燒成絕望的鄉痛
>
> （〈禱問三祖〉《高樓對海》）

煙火是美麗的，人人愛看；可是帶著恐嚇、威脅，就把「受尊重感」給燒成灰了。沒有人在脅迫下，還會對威脅的一方存有「美麗的」好感。縱使那是「美麗的」故鄉所在，更盼不到望鄉的眼神。任何一顆「最貴的煙火」秀，都會變得不美麗，因為它把「鄉愁」變成「鄉痛」，把「盼望」的眼神燒成了「絕望」，把溫柔的鄉情燒得脆弱易斷——情是最經不起煙燻火燒的呀。

（三）對兩岸局勢的願景

就如雨過天晴時，出現在天上的彩色圓弧，外環為霓，內環為虹一樣，在余光中的心目中，大陸是內環的虹，臺灣是外環的霓。兩岸像是同一個圓心所畫出的兩個圓弧。圓心是同為炎黃遺冑，同屬中華民族，同為中華文化所孕育的一支；一樣繅繭取絲，一樣拜媽祖，一樣信佛尊道。這樣的同心圓符合幾何美學，它是美麗的：

> 為了跨越海峽的風浪
>
> 讓我用幾何的美學
>
> 來設計兩個同心圓
>
> 一裡一外的弧度
>
> ……
>
> 粲麗的裡弧，是你
>
> 就讓我做你的外弧
>
> 隱約的霓彩，將你守護

〔註17〕九五年及九六年的臺海危機：1995 年 7 月至 11 月 23 日期間，中華人民共和國第一次飛彈發射及軍事演習，抗議李登輝出訪美國。1996 年 3 月 8 日至 3 月 25 日期間，第二次飛彈發射及軍事演習。當時台灣即將在 3 月 23 日舉行第一次總統直接選舉，中華人民共和國為嚇阻中華民國總統李登輝，因而以飛彈演習為手段。飛彈落點在臺灣基隆及高雄外海。

　　那看不見的圓心啊

　　是兩弧同心，交疊在一處

　　（〈霓虹同心〉《藕神》）

這是余光中勾勒兩岸的幾何圖形。不管他對兩岸的觀察與看法是否正確，這是
余光中為兩岸所勾畫的美麗幾何圖案。

第三節　悲憫弱勢族群

一、悲憫弱勢人

　　2005 年 1 月 10 日（或 11 日）臺灣四歲女童邱姿文，遭酒醉父親邱光仁
毆打，導致顱內出血。送醫治療，又遭醫院以病床不足拒絕，以致遠程跨區轉
院，耽誤搶救時間。十四天後（2005 年 1 月 23 日），邱姿文被判定腦死，離
開人世，得年四歲八個月。經邱母同意，將其肝臟移植給高雄一位也姓「邱」
的小妹妹，腎臟則捐給臺中一位五十多歲的婦人，遺愛人間。

　　邱姿文的遺體火化後，骨灰被安置在木柵慈恩園。邱母並用新臺幣九十一
萬元的捐款，成立「邱小妹兒童保護基金會」，希望臺灣不再有家暴的受虐兒
出現。

　　這件虐童人球案，震驚臺灣社會。施暴父親及拒收醫院都受社會嚴厲的譴
責。邱父受法律制裁；拒收邱童的醫院及醫師，也遭監察院彈劾，移請司法院
公務員懲戒委員會審議，依法懲戒。

　　余光中在邱小妹妹死後七天（2005 年 1 月 30 日），寫了〈四歲的小酒渦〉
一詩（收在《藕神》），用反襯的方式，將其間的荒謬反襯出來：

　　嘴邊的酒渦雖然太小

　　醉漢的暴怒已無法躲掉

　　飆車更嫌太早的年齡

　　高速路竟跟死亡賽跑

　　紅燈不祥，救護車淒厲的呼聲

　　叫不開緊閉的醫院鐵門

　　半張床都睡不滿啊

　　卻沒有空床容得下你

> 馬拉松十四天，陰陽拔河
>
> 最後還是被陰府擄去
>
> 這世界欠你已經夠多
>
> 卻叫你連肝臟都留下

詩一開始就以反襯筆法，連舉四項行為，凸顯當事人對這齣人倫悲劇接二連三的荒唐行徑：酒窩太小，躲不掉暴怒的醉漢。才四歲的稚齡竟在高速公路上飆車，因為她正跟死亡賽跑。紅燈與救護車的厲號，都叫不開醫院的鐵門。半張床不到的羸弱身軀，竟沒一張病床願意相容。這一連串的荒腔走板，導致邱童長達十四天馬拉松式的「陰陽拔河」，最終還是被死神拉了去。這是在號稱富足文明的臺灣所發生的事。臺灣是這樣去「救」受虐兒邱姿文的，卻還叫她留下肝臟、腎臟，讓它們去「救」別人——別人不救她，她卻還能救別人。詩就是這樣用不斷的反襯，逼出整齣事件的背謬與荒唐。

　　對這一連串本不該發生，竟然不期而遇地統統兜攏在一塊兒的慘事，再多的譴責與懲戒，已挽回不了邱小妹妹的生命。臺灣能給邱小妹妹的只是扼腕，只是欷歔與浩歎。詩最後以媽媽的眼淚收場：

> 眼角膜就帶走吧，媽媽哭道
>
> 免得你迷路回不了家

保住了眼角膜，留住眼睛，才不會迷路回不了家——總不能連回家的工具，也把它給「捐」棄了。

二、關懷弱勢團體

　　上詩是為家暴而不幸夭亡的邱姿文寫的。余光中這種單為社會某一不幸人士而寫的詩極少，是其臺灣詩中極少的一類。

　　此詩之前，余光中為臺灣弱勢團體所寫的詩有兩首：一首是 1989 年，應李泰祥之邀，為缺陷的孩子所寫的〈帶笑的臉孔〉（收在《安石榴》）；另一首則是 2004 年，應心路基金會之請，為寂寞的障友而做的〈心路要扶〉（收在《藕神》）。

　　這兩首詩是為弱勢團體發聲，所以就選擇第一人稱的「我」為視角，設身處地托出其心之所思、所望，內容不出前文所提過的〈許願〉一詩：

> 帶笑的臉孔垂向我
>
> 像是晴朗的天空

　　　吹著輕快的晨風
　　帶笑的眼睛轉向我
　　　像是有兩個太陽
　　　閃著親切的陽光
　　歡迎的手臂伸向我
　　　像是兩道防波堤
　　　等著接我進港去
　　（〈帶笑的臉孔〉《安石榴》）

眼神如陽光之燦爛閃爍，臂膀如扶梯之相扶持，對有障礙、恐將傾危的人來說，
這是他們最需要的。

　　堅強的手臂啊溫柔的眼神
　　請為我帶路，走出迷宮
　　走出崎嶇，走出濃霧
　　……
　　有力的手啊，給我扶助
　　溫柔的笑啊，給我鼓舞
　　這深深的峽谷，帶我走出
　　（〈心路要扶〉《藕神》）

一樣盼望「堅強」、「有力」的手與臂，一樣期待「溫柔」的眼神與笑意。都是
以期盼的語氣，輕柔的口吻，幽幽傾吐心聲。

　　2003 年臺灣抗 Sars 期間，其〈祈禱〉詩開始亦云：

　　讓我們一同祈禱吧
　　跪在受難的土地
　　讓手指緊靠著手指
　　讓掌心緊貼著掌心
　　讓眼神與眼神凝聚
　　讓心神會合心神
　　在同病的劫難之中
　　同心同聲地祈求
　　瘟疫明天就終止
　　（〈祈禱〉《藕神》）

手指、手掌緊扣，眼神凝聚，心神相合，「同心同聲」祝禱瘟疫能夠消弭。

反之，當臺灣遭受災難，其為受難百姓哀悼或祝禱時，其思路亦不脫這六項：

> 九月啊，黃道的幾何學為何
> 變成了黑道的美學了呢？為何
> 秋分的鋒芒尚未抽刀
> 太陽就已經掉頭而去
> 不顧我們的北半球了呢？
> 為何金色的季節竟然變臉
> 成了黑色的月份了呢？
> ……，為何
> 把眼淚哭成雨季，一夜九百公釐
> 都再也贖不回來了呢？
> 幽幽是失蹤的眼睛，永不瞑目
> 在九月的惡夢裡，冥冥
> （〈九月之慟〉《藕神》）

九月，太陽掉頭不顧北半球，陽光不見了。原是笑得燦爛的金色季節竟「變臉」成黑色的鬼臉。溫柔、親切的眼神「失蹤」了，取而代之的是惡夢中，那種「永不瞑目」，「幽幽」「冥冥」的眼神。

總之，余光中寫這類詩，不論從正面或反面寫，其思路都不離愛心、笑臉、柔眼、熱掌、強臂與陽光等六項。重點都在強調愛不再被禁錮，它恢復自由，得以充滿每個人心中。白晝不感孤寂，夜晚安詳入夢。眼睛所見，盡是充滿笑意的臉龐（不是僵硬冷漠的表情）與溫暖而親切的眼神。握的是親切的手掌，擁的是堅強有力的臂膀。天氣晴朗，陽光普照。整體來說，變化不大，難有突破。可見此類詩要寫得好，並不容易。

第四節　保護生態環境

保護生態環境是余光中極關注的一個區塊，因為他眼中的天地，是神話中諸神的天地，而今卻叫人類毫無道理地給破壞了，把天地原本「美」的質素也給斲喪了：

環保已成今日人類的至上至急要務：詩人要反省現實，不能只限於傳統的社會意識了，同時也不應忽略在「人道主義」之上，還應有更博大的「眾生一體」。地球上每一種生物的滅絕，都是人類罔顧生態盲目開發的惡果，這毒蘋果終究會輪到人自己來吞。〔註18〕

且看白淨的沙灘變成了什麼模樣：

> 你來看，海神的攤位
>
> 是從那位水精的寶盒
>
> 滾翻出來的這許多珍品
>
> 就這麼大方，海啊，都送給了我們
>
> 而人呢，拿什麼跟她交換？
>
> 除了一地的假期垃圾
>
> 破香煙盒子和空啤酒罐
>
> 　（〈墾丁十九首之十——貝殼砂〉《夢與地理》）

沙灘是水陸兩地的貿易地點，海神大方地展示許多精巧的珊瑚與貝殼，與我們交易。這些珊瑚與貝殼，都是從水精們的寶盒所「滾翻出來」的珍品，而人類在這交易地點，所拿出來的交易品，竟然是「破香煙盒子和空啤酒罐」以及「一地的假期垃圾」。「你來看」三字，是臺灣人尋常逛街、逛夜市，最常用的口頭語，使得這詩「臺灣味」十足，讀來雖然十分親切，卻也凸顯「臺灣」墾丁的環保做得不夠徹底。〔註19〕

海邊如此，山林又如何？

> 整個下午，大屠殺進行著
>
> 滅族的大屠殺在雪線上進行
>
> 鏈鋸耆耆，〔註20〕磨動著鋼齒，鋼齒
>
> 白血飛濺，自齒隙流下。　　殺！

〔註18〕余光中，〈詩藝老更醇〉《藕神》。（臺北：九歌出版社，2008），頁15。

〔註19〕此處的「貝殼砂」位於墾丁砂島，在墾丁國家公園距恆春15公里，屏鵝公路旁，面積約3公頃，宛如藍色珊瑚礁電影拍攝地馬爾地夫，人稱「天堂淨土」。墾管處也在這裡設立保護區，並設有一座「貝殼砂展示館」，遊客可進入展示館參觀，展示區以圖文詳加介紹並可了解珊瑚、貝殼碎屑及底棲性有孔蟲等……珍貴資源。其中保護區以鐵欄杆圍起，禁止遊客進入貝殼砂沙灘，左方為珊瑚礁區亦是放長線釣大魚絕色釣場，是許多潛水者熱愛的潛水聖地。參見 2011.6.19《伊莉百科全書》（網址：http://wiki.eyny.com/wiki/%E7%A0%82%E5%B3%B6）

〔註20〕「耆耆」，猶「耆然」，皮骨相離聲。

> 殺十七世紀的遺老！　殺！
>
> 殺歷史，殺風景，殺神話！　殺殺殺！
>
> （〈森林之死——二月廿六日大雪山所見〉《五陵少年》）

這是他懸想大雪山林木當初被砍伐的情景，用非常悲憤、激烈的語氣描寫這些「十七世紀的遺老」被屠宰的場面。連續六行，連用「殺」字十一次，可以想見他心中認定屠殺的慘烈。他認為大雪山林木遭砍伐，是歷史被殺、風景被殺、神話被殺。這三樣，無一不是他全心掛念的，因為它們都是地球，這人類唯一故鄉之「美」的重要質素，他心疼「風景」被屠殺淨盡。

> 那一排無可理喻的怪牙
>
> 只要一口咬定
>
> 就缺了一大塊風景
>
> ……
>
> 你要的風景嗎，還你！」
>
> 一陣骨碌碌之後
>
> 又吐出一大口泥沙
>
> （〈挖土機〉《夢與地理》）

他因此痛恨挖土機的粗鹵莽撞，那麼精美細緻的風景叫挖土機一咬，就變得殘缺不全了，那種支離破碎的屠殺現場，對愛「美」的他，當然是無法忍受的。

一、國土遭破壞

（一）森林的盜砍濫伐

1972 年，臺灣政府下令「禁止木材出口」。1975 年，開放「木製品出口」，前提是原木須得經過加工處理才行。可是在此之前，臺灣為了賺取外匯，許多珍貴稀有的林材，卻沒有受到管制地大批出口。當時臺灣林木不管是經合法或非法的手段，都遭無情地盜採濫砍，情況的嚴重慘不忍睹。

1963 年 3 月，余光中寫下他在同年的 2 月 26 日，於大雪山的原始森林，見到林木被砍伐的情景。在〈森林之死——二月廿六日大雪山所見〉(《五陵少年》)一詩中，他將大雪山的森林喻為巨人族，是「綠色帝國的貴族」。腹中有同心圓，髮如針，立似柱，手擎千噸如翡翠的樹葉，巍然聳立在雪線之上：

> 曾傘撐三百個夏季，擎千噸的翡翠
>
> 曾奮奏西太平洋的颱風

......

　三百載上昇復上昇的意志，一千季矗立的尊嚴

　拔海六千呎，騎雪峰的龍脊更上

　　（〈森林之死——二月廿六日大雪山所見〉《五陵少年》）

這麼雄偉的英姿，這麼高傲的自尊，矗立在海拔六千呎的雪峰龍脊上，理當好好被珍惜保護才是。可是：

　那氣象，下一瞬將轟轟瓦解

　在族人的巨屍堆中，嘩然倒下

　倒下，森林之神的一面大纛

　　（〈森林之死——二月廿六日大雪山所見〉《五陵少年》）

為什麼？因為一場大屠殺——屠殺巨人族——正在進行。森林之神的高牙大纛因此倒了，巨人族「嘩然倒下」：

　森林之死！　森林之死！

　蔽天陰地，綠塔頂幌幌欲墜

　百萬根針錐痛著，絕望中

　所有的根鷹抓著岩石。　軋軋震響

　幢幢傾斜的，紅檜的靈魂

　揮數噸屍體，揮元代的風

　揮清代雷電，和一聲長長長長的厲嘯

　向驚惶的石坡絕望地鞭下

　迴聲隆隆，從谷底升起

　　　倒下雲杉倒下高高的雲杉倒下

　　　紅檜倒下華實的紅檜倒下冷杉

　　　倒下寒帶的征服者冷杉倒下

　　　美麗的香杉倒下森林的旌旗

　　（〈森林之死——二月廿六日大雪山所見〉《五陵少年》）

這場「大屠殺」悲劇的舞臺是大雪山，背景是高高的絕壁、銀白的雪峰以及冷峻無言的陽光。那些樹齡長達三百年以上的林木——有雲杉、紅檜、冷杉、香杉等等——就在這舞臺與背景下呼喊、悲嘯。這呼嘯不是泣婦搥胸頓足的哀號，直是海嘯山崩的狂嘯：樹身如百萬根針在錐刺般地痛著，根則似雄「鷹」般仍奮力攫抓著岩石，他揮擊「元代的風」、「清代雷電」，鞭打「數噸屍體」，

嘴裏發出「一聲長長長長的厲嘯」，絕望地從「驚惶的石坡」「幢幢傾斜」，「軋軋震響」地向谷底滾落，「迴聲隆隆」。這種隕落的聲勢不是山崩海嘯而何。詩人似親身體驗般地設想，這些林木臨死前所受的酷刑：

> 白血流下了鋼齒，白血流下
> 流下了白血，白血，白血
> 鋼齒鋼齒間流下了白血，自鋼齒鋼齒
> 流下了白血，自綠色的靈魂

從圓周噬到圓心，圈內有圈
圓內有圓內有圓內有圓
白血流下，自鋼齒鋼齒間
所有的年輪在顫慄，從根鬚
從縱橫的虬髯到颯爽的葉尖
每一根神經因劇痛而痙攣
（〈森林之死——二月廿六日大雪山所見〉《五陵少年》）

詩中不斷地重覆「白血」、「流下」、「鋼齒」三個詞語，正是在強調這三者的因果關係——因為「鋼齒」，才有「白血」、「流下」的悲慘後果；而且還不斷地惡性循環，所以採用回文「白血流下……流下了白血」的形式去暗示。詩人更不厭其煩地細述其痛苦的過程：「從圓周噬到圓心」，所有年輪都「在顫慄」；「縱橫的虬髯」與枝葉，在電鋸鋸齒的切割下，從「根鬚」到「葉尖」，「每一根神經因劇痛而痙攣」。這種從實地所觀察到的現象，再經由詩「人」本身設身處地的想像，雖未必符合科學實地驗證的真實，卻能激起讀者的同情心，引發不「人」道的共鳴。天地萬物與我齊一，人類濫砍濫伐，有如屠夫的行徑，從而得到彰顯。詩不必如科學地細究其「合理」性，它的主要目的是在觸發情感，引起共鳴。詩的真理不是科學所追求的那種纖毫不差、行之四海、施之萬世都不易的普遍宇宙「原理」。詩的真理是在「交心」，把天地萬物的心中情，提交出來與讀者相映。人同此心，心同此理地兩心吻合，相互印證，這就達到文學的目的了。

此詩抒發林木被濫墾濫伐的憤慨，詩情是激越、忿懣的，語調是淒厲的，頗有狂飆怒號的激情，這種情緒是余光中此期與其後一期的基調；較之以前，表現的技巧繁複了，內容也複雜了。如此詩，詩句有長到將近二十字者，好似說不盡，又似欲一口氣訴盡。長句一多，詩就顯得凝重，正顯示詩人強烈的不

滿與深沉的悲哀──不是輕淡的哀愁，而是心緒萬端的沉重苦悶。關鍵的語詞，不斷地在一句或數句中重複、強調；有三小段壓低排列，並用不同的字體為區隔，明示這是輔文──補足前文與加強前文的作用──與正文做對照。朗誦時，正文、輔文可以兩種聲音做對照，是余光中新古典主義時期常用的實驗詩體之一，〈憂鬱狂想曲〉、〈大度山〉等等都屬這種詩體。

二十九年後，余光中再寫這些遭逢災厄的林木，尊奉他們是「島上最崇高的原住民」，心情已趨平和，不再有少壯的凌厲盛氣了：

> 島上最崇高的原住民
> 排成這神祕的行列
> 是何時登山的呢，怎麼
> 不見了鬢髮和背囊？
> 究竟遭受了怎樣的山難？
> 怎樣的火譴，那一次電殛？
>
> (〈玉山七頌〉之三〈白木林〉《五行無阻》)

從淒厲的控訴，轉為悲憫的關懷：「遭受了怎樣的山難？」「怎樣的火譴」？「那一次電殛？」都是殷殷垂詢的語氣。先前的苦難，已灰飛湮滅，都過去了，都過去了。往者已逝，來者可追。可追者何？就是那些劫後餘燼的白木林，余光中譬之曰「登山客」，他問這些登山客：

> 是誰呢將魔咒一施，你們
> 就這麼僵凍在半空
> 撐著株枒難解的手勢
> 見證著風勢，指點著洪荒
> 以無頂的藍頂為屋頂
> 一組最前衛的雕塑
>
> (〈玉山七頌〉之三〈白木林〉《五行無阻》)

臺灣森林遭破壞，除了是自然的雷殛、乾旱，引發森林大火外，山老鼠的濫墾盜伐、有心人的蓄意縱火以及登山客不小心的星火燎原，都是林木遭燬的重要原因。這些遭火焚毀的林木，其枝幹日受風雨侵蝕、陽光曝曬，外層的樹皮剝落，只剩光條條的枯白軀幹，一枝枝聳立山林間，詩人比之為「一組最前衛的雕塑」。這些枯木因高山低溫，不易分解，長久矗立成林，謂之「白木林」。

余光中視這些白木林，猶登山客被施了魔咒，凍在半空中。各自順著風勢，比著不同的手勢，僵在那裡；似乎在那個洪荒世界裡，為旅人指點迷津呢。他們以無頂之頂的藍天為頂，遠遠望之，就是「一組最前衛的雕塑」。

這詩與前一首〈森林之死——二月廿六日大雪山所見〉，不但口氣、心境不同，其最大差別在寫作手法的轉變：〈森林之死〉直抒胸臆，比、興少而賦多，雖然長篇大論，不免意浮文散，有蕪漫之累；〈白木林〉則賦、比、興均衡運用，將其感知的白木林，比為「島上最崇高的原住民」、「最前衛的雕塑」；林狀是枝枝如比著各種手勢，被「僵凍在半空」中的登山客。不但比得貼切，「崇高」、「前衛」，均雙關兩層意涵，使詩饒有滋味。

（二）土地的濫墾濫挖

臺灣的美有許多是在它的風土上，可是經濟起飛後，為了滿足產業的需求，卻將這些美麗的風土蠶食啃蝕將盡。一畝畝的良田，一畦畦的坡地，逐步被鐵皮工廠所取代。余光中取整地最常用的工具——挖土機（臺灣俗稱「怪手」）——為意象，用挖土機掘土，如張開滿嘴怪牙，一口就咬下「一大塊風景」，其嗜土的情狀就像吸血鬼嗜血一般地毫不留情：

> 泥沙就從牙縫裏瀉下
> 扎扎的馬達聲裏
> 不到一個月，就把整個山坡
> 吃剩了瘦瘦的半條背脊
> 到底要嚼碎多少牧歌
> 你才肯罷手呢，怪牙？
> （〈挖土機〉《夢與地理》）

只要挖土機的大口一咬，「一大塊風景」就被咬了下來，這譬喻把土地被囓啃的模樣——就像蛋糕或大餅被咬下一大口的樣子，一口一口地被吃個精光——生動地描寫出來。泥沙像殘汁餘沫般地，從鐵牙的間隙處掉落下來。只消個把月，整片山坡就被掘得只剩乾癟癟的「半條背脊」。綠綠的草地，翠翠的山坡，再也看不到了，更別提之前隨著牛羊而來的牧歌了——牧歌也被挖土機的怪牙嚼得一隻不剩。

更可怕的是，挖土機的履帶有如坦克，它以一小時好幾碼的速度，來勢洶洶地向前挺進，一副擋我者死的架勢。如果你敢跟它要「失蹤的蝴蝶，蜜蜂和鳥」以及「幾畝不能復活的春天」，你所得到的回答是：

「凡我到處，誰都擋不住

一整排蠢蠢欲動的樓屋

一整條不耐煩的公路

都在我背後擠我推我

催我的履帶帶動未來

不相干的，通通都給我讓開

別阻礙嶄新世界的隊伍

你要的風景嗎，還你！」

一陣骨碌碌之後

又吐出一大口泥沙

（〈挖土機〉《夢與地理》）

田野不能復耕，春天已是「活」不過來了；蝴蝶、蜜蜂、群鳥當然也就不會來了。沒有春天，沒有鳥鳴、蜂飛、蝶舞，這土地怎麼美得起來。而挖土機卻以「一排猙獰的怪齒」、「伸長著頸子昂頭吼叫」的囂張模樣，反擊說：慢吞吞的公路等得不耐煩了，高樓也摩拳擦掌地蠢蠢欲動，我是未來新世界隊伍的領航員，擋我不得！余光中把樓屋大廈、公路、春天、蝴蝶、蜜蜂、鳥、挖土機等事物，全擬以為人的描述手法，使這種未來世界的人為開發與大自然永續經營的衝突，極人性而逼真生動地呈顯出來。人們似乎顧不得找出兩全其美的辦法，只想急切地走入「未來」，這種的躁進是只知其一不知其二、顧頭不顧尾的短淺作法，也正是環保人士所深深扼腕之處。

二、空氣被污染

（一）工廠亂排黑煙

1985 年 9 月，余光中回高雄定居。翌年即 1986 年的 2 月 16 日，他寫了〈控訴一隻煙囪〉，控訴工廠的亂排黑煙。

工廠的黑煙直接污染環境，毒害生物。余光中以大煙客肆無忌憚的無狀橫行，描寫黑煙的猖狂：

用那樣蠻不講理的姿態

翹向南部明媚的青空

一口又一口，肆無忌憚

對著原是純潔的風景

　　　　像一個流氓對著女童

　　　　噴吐你滿肚子不堪的髒話

　　　　你破壞朝霞和晚雲的名譽

　　　　把太陽擋在毛玻璃的外邊

　　　　有時，還裝出戒煙的樣子

　　　　卻躲在，哼，夜色的暗處

　　　　向我惡夢的窗口，偷偷地吞吐

　　　　你聽吧，麻雀都被迫搬了家

　　　　風在哮喘，樹在咳嗽

　　　　（〈控訴一隻煙囱〉《夢與地理》）

大煙囱肆無忌憚地向「青」空吞雲吐霧，對純「潔」的風景吐髒話，讓朝霞和晚雲蒙上不潔的陰影，明淨的玻璃成了毛玻璃。若遭告發、取締，就假惺惺地「裝出戒煙的樣子」，然後偷偷地趁夜晚，躲在「夜色的暗處」，向睡夢的窗口大口大口地吞吐了起來。於是麻雀被迫搬了家，風得了哮喘，樹不斷地咳嗽。這種陽奉陰違，刁滑撒潑的行徑，詩人藉流氓叼菸，橫行鄉里的模樣為意象，成功地將其為害環境、社會的無賴樣態，生動且清晰地描寫了出來。「比喻是詩歌的翅膀，是孔雀的翠屏。去掉了翅膀，詩歌就飛揚不起來；去掉了翠屏，孔雀這美麗的鳥就被解構了。」〔註21〕這首詩將事理擬之如大煙客，就是余光中善用喻的一個例證。

　　大煙囱不僅破壞環境，其為害一百三十萬高雄居民的健康則更為嚴重：

　　　　而你這毒癮深重的大煙客啊

　　　　仍那樣目中無人，不肯罷手

　　　　還隨意擲著菸屑，把整個城市

　　　　當做你私有的一只煙灰碟

　　　　假裝看不見一百三十萬張

　　　　——不，兩百六十萬張肺葉

　　　　被你薰成了黑憫憫的蝴蝶

　　　　在碟裏蠕蠕地爬動，半開半閉

　　　　看不見，那許多矇矇的眼瞳

〔註21〕黃維樑，〈用文心雕龍來析評文學——以余光中作品為例〉。(「中國比較文學學會第六屆年會暨國際學術研討會」論文，1999)，頁4。

　　　　正絕望地仰向

　　　連風箏都透不過氣來的灰空

　　　（〈控訴一隻煙囪〉《夢與地理》）

整個高雄是這大煙囪「隨意撣著菸屑」的煙灰缸，一百三十萬居民的兩百六十萬張肺葉，就這樣被熏成病懨懨的「黑」蝴蝶。肺葉是「黑」的，眼瞳則是「灰」的——天空和居民「絕望」的眼瞳一樣，都是「灰」矇矇的。風箏在這樣的天空下，也「都透不過氣來」。這雖是文學的誇飾手法，卻將毒煙肆虐，為害居民的情況，生動地描繪出來。

（二）個人缺乏公德

　　污染空氣的元兇不只是工廠，還有的是個人的不良嗜好、不當的行為所造成的。隨處抽煙、吐痰、小便、講演，都是一種空氣污染：

　　　請莫在上風的地方 抽 煙

　　　因為有人在你的下面

　　　　一連 咳 了三聲 嗽

　　　　呃喝呃喝呃喝

　　　　你卻假裝 聽 不見

　　　　就算你要 吸 煙

　　　　也要讓別人呼吸

　　　　呼吸新鮮的空氣

　　　　啊嚏啊嚏啊嚏

　　　　有人在下風 囡 你

　　　（〈請莫在上風的地方抽煙〉《安石榴》）

此詩以歌謠體的方式，用同一組的句型重複四次，只在□處換上另一污染原。如第二節改成吐痰，□處則依序改為：「吐痰……皺……眉……聽……吐痰……勸」。第三節改為小便：「小便……別……臉……撞……小便……惱」。第四節改為講演：「講演……舉……手……不發現……講演……噓」。最後一節才變換句組，但仍維持全詩一致的節奏，內容則總結前面四節並曉以義理：

　　　請莫在上風的地方抽煙

　　　也莫在上風的風口小便

　　　請莫在上風的高處吐痰

　　　也莫在上風的風頭吸煙

　　　　呃喝呃喝呃喝
　　　請莫在上風的地方做這些
　　　因為風向隨時會改變
　　　　也許就在明天
　　　　啊嚏啊嚏也許
　　　你也會落在下風的一邊
　　　（〈請莫在上風的地方抽煙〉《安石榴》）

十年風水輪流轉，己所不欲毋施於人，這是普遍的世道義理。今天你在上風處為害，「也許就在明天」，你就落在下風處，成為受害的一方。所以不該逞一時之快或趁勢之便，就做出為害別人、污染空氣的行為。有趣的是，前三項是我們常見的公共衛生議題，詩人卻把講演也視為公共衛生的一項，認為它也會造成「公害」。它一樣借著空氣傳播，也會妨害人呼吸，污染心靈，一樣對社會造成傷害。

　　這些保護公共衛生的議題，道理是世人尋常耳聞目見的，極淺顯易懂。問題在是否常存有公德之心思上，無須深釋詳闡，只須不斷地提醒叮嚀，使之常有惕厲儆戒之心，不敢鬆懈怠惰。詩人選用歌謠體，使詩句簡單，用語俚俗化，如「吐痰」、「小便」等。又特意加入「呃喝呃喝呃喝」、「啊嚏啊嚏啊嚏」等，咳嗽與打噴嚏的狀聲詞，把呼吸道不舒服的情況，描寫得更真實生動。如此既能使詩平民化，達到不斷點醒民眾的效果；又因有迴環反覆的節奏，產生一種韻律感，似民歌般，語句雖不斷地重覆，卻不致單調乏味。當中又加上講演一項，創出新意，使恐淪為教條口號的呼籲，翻騰出更高的一層境界、另一層天地。這應是此詩余光中所以採用歌謠體的原因。〔註 22〕

三、過境候鳥的悲歌

　　臺灣地處候鳥「東亞—澳大利亞飛行航道」的中站，〔註 23〕每年有許多珍貴的稀世鳥類，飛抵過境或過冬；來年春季，再飛回北方的繁殖地。如此年復一年，週而復始。〔註 24〕

〔註 22〕此詩可與〈同臭〉（收在《五行無阻》）合觀。
〔註 23〕此航道範圍廣闊，由北極圈經東南亞，一直伸延至澳洲及紐西蘭，計 13,000 公里。據估計逾 5 千萬隻，超過 250 個不同族群的遷徙水鳥，飛行此航道，往返於繁殖地及越冬地，並在中途站歇息和補給。
〔註 24〕這些珍貴的水鳥包括：黑面琵鷺、小青足鷸、大白鷺、鷹斑鷸、蒼鷺、戴勝、

（一）灰面鵟

在這些遷徙的鳥類中，較為臺灣人所熟知的灰面鵟（正式名稱「灰面鵟鷹」Bustastur indicus）就是其中之一。〔註25〕灰面鵟現已被野生動物保育法列為珍貴稀有的野生動物。〔註26〕其遷移路線僅限亞洲東南部：夏季在亞洲東部，秋季則向南遷徙至中南半島、菲律賓、婆羅州、蘇拉威西及新幾內亞過冬，少數會在日本石垣島過冬。當其過境臺灣，不論是秋季南遷，夜棲墾丁或恆春半島滿州鄉山區附近；或是春季北返，在彰化一帶過夜，灰面鵟的停棲地極為穩定。鷹群會在中午以後陸續抵達，在天黑降落前，牠們會在棲息地上空不斷地盤旋飛舞，時而降落，時而升空，形成龍捲風式的「鷹柱」，從中午持續到黃昏，天黑之後才完全休息。一個晚上可以見到數千隻灰面鵟棲息的場面，可謂奇觀。〔註27〕

據調查，灰面鵟秋季過境臺灣，是在十月上旬至中旬，過境期約為二十天，數量約一萬到三萬隻不等，故而有人稱之為「國慶鳥」。屏東縣滿州地區則稱牠為「山後鳥」、「滿洲鷹」，彰化縣八卦山一帶則稱牠為「南路鷹」或「掃墓鳥」。灰面鵟屬猛禽，早期臺灣人在灰面鵟過境時會大量獵捕，除食用外，也製作標本販售。近年來受「野生動物保育法」的保護，獵捕情形已獲得控制。

1986年底至1987年初，余光中寫了〈墾丁十九首〉（收錄於《夢與地理》），其中的第十七首〈灰面鵟〉，就是寫其過境臺灣的情形：

> 高高的緯度啊長長的風
> 吹來一個遠遠的過客
> 兩翼還帶著塞外的風霜
> 和江湖傳說的聯想
> 無邊的秋色攔你不住

灰鶺鴒、高蹺行鳥、小環頸行鳥、燕行鳥、反嘴行鳥、中白鷺、金斑行鳥、赤腹鷹、中白鷺、八色鳥、花嘴鴨等等。每年有規律地遷徙到臺灣的候鳥約有160種，其中秋季從北方南移過冬的候鳥及過境鳥約有148種；其它約12種，則是春季由熱帶地區來的夏候鳥。

〔註25〕 參見臺灣野鳥資訊社、日本野鳥の會監修，《臺灣野鳥圖鑑》。（臺北縣：亞舍圖書有限公司，1991），頁70～71。

〔註26〕 可參考許鴻龍副教授與國家地理頻道合作製播的「灰面鵟傳奇」（Tomb Raptor）紀錄片（2009年7月12日在臺灣首播）。

〔註27〕 參見吳尊賢、徐偉斌合著，《臺灣賞鳥地圖》。（臺北：大樹文化，1995），頁114～115、182～183。

雲程迢迢是幾千里路呢？

「長長的風」為臺灣，從塞外「高高的緯度」——也許是西伯利亞，也許是中國東北的吉林——「吹來一個遠遠的過客」，牠千里迢迢地凌雲御風而來。臺灣「無邊的秋色」，攔牠不住。牠只歇一下腳，就得啟程飛往更遠的南方。這歷時數月、航程數千里的旅程，臺灣只是牠的中途站，連美美的「秋色」，牠也卻之不顧，意志真是夠堅決的了。詩人巧妙地安排「秋」這美「色」去勾引灰面鵟，不但引來讀者無限的想像空間，也暗示灰面鵟這種猛禽的剛毅性格。

牠行走「江湖」、跋涉風霜地來了——兩翼帶著「塞外的風霜」與種種令人產生聯想的「江湖傳說」。什麼是「塞外的風霜」？「江湖」又有哪些「傳說」？這兩樣便是臺灣賞鳥人癡癡地拿著望遠鏡，透過想像，希望在鏡中尋找的答案。

可惜的是，臺灣人除了「欣賞」牠雄偉的英姿、豐富的想像空間外，也有想盡辦法，欲網獵之以逞口腹之欲。所以牠還得僥倖地逃過臺灣獵人的獵殺，以避免被饕客烹殺「享用」：

但願迎你的是美味的蜥蜴

是蛇，是昆蟲，不是獵者

是南方自由的晴空，只為讓你

帶著溫暖的記憶回去

「我到過一個，哦，可愛的島嶼」

牠僅是匆匆過境，只做短暫的停留，只想吃點小吃——「美味的蜥蜴」、「蛇」、「昆蟲」，繼續往更遠的南方飛去，卻有這麼凶險的殺戮在等著牠。詩雖以「不是獵者」四字一筆帶過，看似輕，實則沉重。因為這情形非一朝一夕所造成，積習難改，多說也無益。這四字有欲言又止之態，僅以此四字打住，心中之無奈可想而知。只能期盼灰面鵟逃過殺劫，帶走一個「溫暖的記憶」：「自由的晴空」、「可愛的島嶼」。

此詩全從「遠方的過客」著眼，用這位過客所帶來的與希望牠帶回去的兩個意象做對比：灰面鵟為臺灣帶來的，是令人聯想的江湖傳說與塞外風霜；而臺灣人希望牠帶走的，是自由、溫暖的晴空與可愛的寶島——然而在這背後，卻是幢幢獵殺的陰影，對臺灣人來說，這又是多麼大的隱憂與諷刺。

（二）紅尾伯勞鳥

除灰面鵟外，紅尾伯勞鳥（Lanius cristatus）也是臺灣秋冬過境鳥類中極

出名的一種。〔註28〕每逢秋天牠們就會過境臺灣，其過境地點主要在屏東恆春一帶，也有少數就滯留在臺灣過冬。

　　紅尾伯勞性喜獨棲於凸出的枝頭、木椿或物體上，以便逡巡四顧；有時也會將剩餘食物串掛於枝頭。臺灣有心獵捕的人士，依此習性，在其過境路線，沿途遍插竹架，名為「鳥仔踏」，動輒數百支以誘捕之。「鳥仔踏」的厲害處是，只要紅尾伯勞誤觸機關，就能輕易地被細繩牢牢套住，或整隻插入竹尖中，任其掙扎至死，手法極為殘忍。其後獵捕人士再將之燒烤，販賣圖利。「烘鳥仔巴」，以往甚至成為屏東楓港地區秋冬街頭的特色。〔註29〕

　　據說最早臺灣的「鳥踏」，是在磚牆上凸築出三至五公分的簷，以便鳥兒落腳其上歇息，並不是用來誘殺鳥類的。臺灣鄉間老式的磚瓦厝，少數仍存有這種「鳥踏」。日本神廟前，左右兩柱的牌坊，其上架設兩根橫樑，名為「鳥居」，用意正與鳥踏相同，都是讓「鳥」「踏」腳棲息之用的。沒想到後來竟成為捕鳥人士，改良獵殺販利的工具。

　　所幸近年臺灣環保意識抬頭，濫捕的風氣漸歇。但仍有少數人士為了一己之私利，鋌而走險，因此獵殺紅尾伯勞鳥之事，仍時有所聞。目前臺灣警方對這些獵殺，依違反「野生動物保育法」，〔註30〕逮捕法辦。

　　余光中在 1990 年 10 月，寫了〈警告紅尾伯勞〉（收在《安石榴》），輓歌般地，為紅尾伯勞鳥哀泣：

　　　　鳥仔踏，遍地插

　　　　不是逍遙的竹竿頂

　　　　不是天真的瓊麻花

　　　　疲倦的遠來客啊

　　　　歇腳，要看個仔細

　　　　美麗島的天空

　　　　現在已經不美麗

　　　　貪錢的獵人夠陰險

　　　　貪嘴的食客正流涎

〔註28〕參見臺灣野鳥資訊社、日本野鳥の會監修，《臺灣野鳥圖鑑》。（臺北縣：亞舍圖書有限公司，1991），頁 166～167。

〔註29〕「烘鳥仔巴」為閩南話，是烤伯勞鳥的意思。「巴」是詞尾，用在缺水乾癟之詞語的後面，如「瘦巴巴」、「乾巴巴」、「焦巴巴」之類。

〔註30〕此法於民國七十八年公告實施。

　　　　貪婪之島夠貪婪

　　　　小心啊莫闖進這黑店

　　　　莫踏上鳥仔踏，遍地插

　　　　免得落魄在他鄉

　　　一串串，一排排

　　　　燒烤的店裏倒著掛

　　　　向反了的天空去尋找

　　　　遠在西伯利亞

　　　　不歸路那頭的家

此詩循題名「鳥仔踏」，詩的節奏就以三音節為主調：如「遍地插」、「竹竿頂」、「瓊麻花」、「美麗島……不美麗」、「夠陰險……正流涎……夠貪婪」、「一串串，一排排……倒著掛」、「不歸路」等等。在每行詩裡，詩人儘可能以三音節收尾。如此，全詩的節奏，就在三音節為多數中，達到齊一、和諧的地步。

　　押韻也以「a」韻起，「a」韻終。幽幽的哀情，就在迴旋往復的韻律中，從起先的殷殷叮嚀「要看個仔細」，到嚴正地警告「莫闖進這黑店」，然後是無助地「向反了的天空」——頭垂向地，被倒掛在燒烤攤位上——在尋找西伯利亞「那頭的家」。情況愈來愈嚴重，詩情也跟著愈來愈沉重。美麗島並不美麗，貪婪之島真夠貪婪，這入耳警語，真希望能發捕鳥人士之聾，振獵殺人士之聵。